国家骨干高职院校基础课系列教材

总策划　祝瑞花

高职体育与健康

主编　高戈

天津大学出版社
TIANJIN UNIVERSITY PRESS

图书在版编目(CIP)数据

高职体育与健康/高戈主编.—天津:天津大学出版社,2012.9(2016.9 重印)
国家骨干高职院校基础课系列教材
ISBN 978-7-5618-4480-9

Ⅰ.①高… Ⅱ.①高… Ⅲ.①体育-高等职业教育-教材②健康教育-高等职业教育-教材 Ⅳ.①G807.4

中国版本图书馆 CIP 数据核字(2012)第 217075 号

出版发行	天津大学出版社
地　　址	天津市卫津路 92 号天津大学内(邮编:300072)
电　　话	发行部:022-27403647
网　　址	publish. tju. edu. cn
印　　刷	天津泰宇印务有限公司
经　　销	全国各地新华书店
开　　本	169mm×239mm
印　　张	12
字　　数	249 千
版　　次	2012 年 9 月第 1 版
印　　次	2016 年 9 月第 4 次
定　　价	25.00 元

编 委 会

前　言

体育是学校教育的基本组成部分，是增进国民健康的重要途径。随着科学技术的迅猛发展和经济全球化，人类社会的物质文化生活水平有了极大的提高，健康状况大为改善，平均寿命明显延长，人们比以往任何时候都注重生活质量。随着我国教育体制的深入改革，“应试教育”已经向素质教育转变，体育教学传统的以强化运动素质和竞技能力为目的的教育思想，已被现代的以“健康第一”和培养人的终身体育观念为目的的教学思想所代替。

《中共中央国务院关于深化教育改革全面推进素质教育的决定》指出：“健康体魄是青少年为祖国和人民服务的基本前提，是中华民族旺盛生命力的体现。学校教育要树立健康第一指导思想，切实加强体育工作，使学生掌握基本的运动技能，养成锻炼身体的良好习惯。”

为了进一步加强体育课程建设，为学生学习体育和日常锻炼提供指导，我们结合高职学校实际情况，组织编写了本书。其特点如下。

一、主题明确。本书以《全国高等学校体育课程指导纲要》为依据，坚持“健康第一”的指导思想和以人为本的教育理念。

二、构架新颖。本书着眼于提高学生的体育与健康意识，以培养体育能力，全面增进身心健康，养成终身锻炼习惯为主线编写。增大了理论课比例，对单项技术细节减少了运动的具体文字说明。

三、内容丰富。在编写过程中注意吸收和借鉴最新的知识信息和科研成果，科学性、实用性、针对性较强，符合高职学生的认知规律和生理心理特征。

本书共分七章，分别为体育概述、大学体育教育、体育锻炼与健康、体质的测量与评价、运动保健、体育锻炼、运动项目。本书不仅阐述了体育原理，介绍了体育锻炼和运动保健的知识和方法，更注重为学生提供运动指导，突出了知识性、趣味性、应用性，有助于大学生从中找到适合自己的运动锻炼方法和手段，便于大学生阅读和参考。

由于编者水平有限，加之时间比较仓促，虽经过精心编写和多次审核，但不妥之处在所难免，衷心希望广大读者批评指正。

编　　者

2014 年 7 月

目　　录

第一章 体育概述

体育一词，其英文是 physical education，指的是以身体活动为手段的教育，直译为身体的教育，简称为体育。在古希腊，游戏、角力、体操等曾被列为教育内容。17—18 世纪，在西方的教育中也加进了打猎、游泳、爬山、赛跑、跳跃等项活动，只是尚无统一的名称。18 世纪末，德国的 J. C. F. 古茨穆茨曾把这些活动分类、综合，统称为“体操”。进入 19 世纪，一方面是德国形成了新的体操体系，并广泛传播于欧美各国；另一方面是相继出现了多种新的运动项目。在学校也逐渐开展了许多超出原来体操范围的运动项目，建立起“体育是以身体活动为手段的教育”这一新概念。于是，在相当长的一段时间里，“体操”和“体育”两个词并存，相互混用，直到 20 世纪初才逐渐在世界范围内统一称为“体育”。

1762 年，卢梭在法国出版了《爱弥尔》一书。他使用“体育”一词来描述对爱弥尔进行的身体养护、培养和训练等身体教育过程。由于这本书激烈地批判了当时的教会教育，而在世界引起很大反响，因此“体育”一词同时也在世界各国流传开来。

第一节 体育概念的发展趋势

我国体育历史悠久，但“体育”却是一个外来词。它最早见于 20 世纪初的清末，当时，我国有大批留学生东渡去日本求学，仅 1901 至 1906 年间，就有 13 000 多人。1902 年左右，一些在日本留学的学生从日本引进了“体育”这一术语。1904 年，在湖北幼稚园开办章程中提到了对幼儿进行全面教育时说：“保全身体之健旺，体育发达基地。”在 1905 年《湖南蒙养院教课说略》中也提到：“体育功夫，体操发达其表，乐歌发达其里。”

随着西方文化不断涌入我国，学校体育的内容也从单一的体操向多元化发展，课堂上出现了田径、篮球、足球等。许多有识之士提出不能把学校体育课称体操课了，必须理清概念层次。1923 年，在《中小学课程纲要草案》中，正式把“体操课”改为“体育课”。从此“体育”一词成为标记学校中身体教育的专门术语。

在我国，最早创办的体育团体是 1906 年上海的“沪西士商体育会”。1907 年我国著名女革命家秋瑾在绍兴也创办了体育会。同年，清王朝学部的奏折中也开始有“体育”这个词。辛亥革命以后，“体育”一词就逐渐运用开来。新中国成立 60 年以来，我国体育事业全面发展，竞技体育取得历史性进步。旧中国的竞技体育水平低下，三次参加奥运会没有在任何项目中进入决赛。新中国成立以后尤其是改革开放后，竞技体育连续取得历史性突破。1956 年，举重运动员陈镜开成为新中国第一个打破世界纪录的运动员。1959 年，乒乓球运动员容国团为新中国取得了第一个世界冠军。1984 年，新中国首次参加在洛杉矶举办的夏季奥运会，实现了中国奥运史上金牌“零”的突破；2000 年悉尼夏季奥运会，中国首次进入奥运会金牌榜前三名，金牌总数位居第三，取得了历史性突破；2008 年，北京成功举办了第 29 届夏季奥运会，实现了中华民族的百年梦想，中国代表团取得了 51 枚金牌、100 枚奖牌的优异成绩，第一次名列奥运会金牌榜首，创造了中国体育代表团参加奥运会以来的最好成绩。据统计，1949—2008 年，我国运动员共获得世界冠军 2 283 个，其中 1978—2008 年共获得世界冠军 2 257 个，占新中国成立以来总数的 99%，创超世界纪录 1 017 次，占新中国成立以来总数的 85%。全民健身运动蓬勃发展，越来越多的人投入健身强体的体育运动和锻炼当中，体质不断加强。

一、体育是最积极的方式

体育是涉及人类自身发展（即如何健康生存和繁衍种属）的基础问题。各类体育有关学科也在从事人类体质发育、营养、运动、休息、工作、学习、环境保护、公共卫生、防治疾病等综合研究，以促进人类健康成长中有关问题的解决。体育还要进一步与自然科学、人文科学和社会科学结合，关心人类生命起源、遗传、体质改善、儿童养育、妇女保护、劳动力提高、长寿等以及解决与社会公共福利有关的问题，以促进人类文明进步。

二、体育是最有益的方式

体育体现着人类对自身和对他人的关怀，即使在竞技领域也是如此。体育场所为人们提供了发泄激情的渠道，为人们交流情感创造了愉快氛围。从这个意义上讲，体育又成为人们联络感情、增进友谊的纽带，为任何地域、任何民族、任何信仰的人们所接受，其价值和功能无与伦比。体育将弥合高度发达的工业社会给人类带来的身心异化，缓解复杂的经济关系和信息网络给人类的精神和体质造成的负面影响，使体育成为维护人类健康的最有益的方式。

三、体育是最有趣的方式

体育具有游戏特点，体育活动是有组织、有目的的游戏，相当多的竞技项目都是从简单的民间游戏发展而来，至今国外还有人把篮球、足球等视为游戏，甚至认为四年一度的奥林匹克运动会也是集游戏之大成的盛会。正是这种游戏意味，使体育运动具有强烈的趣味，也使体育的运动形式与其他身体活动形式区别开来。由于竞技运动项目丰富而有趣，具有游戏特点和娱乐价值，它便成为体育活动中广泛采用的特殊而有效的手段和方法，即便在学校体育中，学生也常借此来增强体质和学习健身技巧与方法。

四、体育是一种塑造人个性的制度安排

体育作为一种社会文化现象之所以长存于人类社会，是与其社会功能、经济功能、政治功能和一系列相关展示功能属性的组织活动设计分不开的。体育赛事的举办、媒体的介入、体育活动的管理等，无不体现一种制度安排。参与体育的个体在制度安排下通过个人对自由兴趣的追求，展示身体潜质，增进知识；通过以和睦为支柱的集体活动，求得社会、国家及人类共同意识的升华；通过身体活动的具体经验，尤其是在带有对抗性的体育活动中，积极思考，锻炼心智，促使个人向“社会人”转变，这一过程亦是塑造个性的过程。

第二节 人类日常生活中常见身体运动

在体育繁荣发展的复杂形式下，在各类事物相互关系越来越紧密的背景下，体育发展的客观实际已经和众多的事物无法分开。因此，我们只能最大限度地抽象出体育的特质，并且运用合理的逻辑对日常生活中常见的身体运动进行解释，力争在客观事实层面和内在理性层面得到对体育的合理阐释，旨在更深刻地认识体育，不断地领悟体育的真谛，提升个人对体育的认识层次。

一、游戏及其他身体活动

关于游戏，斯宾塞说："当我们上升为高等动物后，我们发现，时间与精力并没有完全被用于满足直接需求。由于每一个具有智力的生物都服从这一条规律，即当它的器官停止活动的间隙比通常时间长时，就变得格外易于活动。于是，当环境准许模仿时，对器官活动的模仿也就轻而易举地代替了真正的活动。"斯宾塞对游戏的生物学解释是："高等动物在谋生之余尚有剩余精力。在不需要从事谋生的休闲时间里，高等动物的闲置不用的器官就会自发地倾向于运动。这种剩余精力推动下的看起来无用的活动就是游戏。"自足论其实是游戏之所以（让人整体上看到）自由的原因论，如果将原因与结果结合起来的话，那么游戏的概念也可以表达为：游戏是因自足而让人整体上感到自由的活动。其根本目的是娱乐。

体育与游戏两者之间本身确有相通之处，有人甚至认为"体育产生于游戏"。体育的必备条件是促进人的健康，为了人的身心和谐发展。从某种意义上来讲，体育就是一个活动性游戏，没有娱乐性的体育就不称为体育，体育的魅力就在于强烈的娱乐性。它是广大青少年喜爱体育的最重要原因。

二、杂技

有人认为杂技中的某些运动可以归为体育，因为它具有体育所具有的一般特征，有些与艺术体操比较相似。有关体育史的论述中一般也都提到杂技，在民间体育中更是常常介绍杂技，可见在人们的观念中它与体育是分不开的。所以，把杂技中的一些项目归入传统体育范畴是能为人们所接受的。

三、魔术

魔术不能归入体育范畴，因为它主要是借助于道具，以运用心智技巧见长，而不是要展示自我身体的运动，其动作是故意不让人看到的。这与体育运动中的表演性正好相反，所以它不是体育运动，而应是身体文化的一种表现形式。

四、棋类和牌类

围棋、象棋、国际象棋、桥牌乃至麻将等往往被一些人视为体育活动。然而，这些活动虽然在国内乃至国际上都曾经或正在被体育管理部门管理着，但它们并不具有与体育相符的特质，甚至与体育的本质大相径庭。这些活动所具有的竞争性、固定程式和支配性固然与体育相似，但它最为基本的特征—— 智力的绝对支配性使它无法与体育的体力表象性混为一谈，更不能融为一体。必须特别指出的是，几乎人类的所有活动都是智力主导型的，但是智力在不同活动中的支配地位和表现形式各不相同。与现实社会中的诸多竞赛形式相比，尤其是与物理化学竞赛乃至写作竞赛相比，棋牌类活动具有相似的智力主导特性。在棋牌类活动中，身体活动的形式并无实质意义，不参与和影响对活动过程和结果的评价，如不同棋手落子的姿势不是影响其比赛结果的主要因素；而体育则不然，各项运动均是通过身体活动来完成的，身体活动的形式和技巧是影响其效果和目标的重要评价指标。

第三节　体育的科学属性

在现代科学迅猛发展和应用领域日益扩大的今天，越来越多的人逐渐形成了一种科学的思维和观念，即用科学的眼光审视、用科学的态度对待世间形形色色的事物，也包括体育。由于历史条件和人的认识能力的局限，古代社会不能产生体育科学，充其量只是一些体育科学的萌芽。在近代欧美国家，工业革命和近代实验科学的发展极大地推动了体育运动的学科化进程。由于实证研究的盛行，体育科学的某些分支学科（如体育教育、运动医学）的研究首先获得了长足的进步。进入20世纪以后，特别是二三十年代，一些欧美国家以及苏联在体育领域开展了有组织、有计划的科学研究活动，并在生理学、解剖学、心理学、人体测定学等方面取得了较大的成就。但是直到第一次世界大战以前，就其整体而言，体育科学仍然处于初创阶段。第二次世界大战结束以后的数十年间，是现代体育科学的迅速发展时期。这一时期，虽有数十年的东西方国家对立和冷战背景，但较长时间相对和平与竞争的国际环境有利于各国生产力的提高和科学技术的繁荣，也有利于现代体育，特别是竞技体育和大众体育的快速发展。竞技体育领域的激烈竞争呼唤科技工作者们用科学的方法来最大限度地挖掘人的潜能，以提高运动成绩和水平；大众体育的广泛开展，要求人们进行科学的训练，合理利用闲暇，保持身心健康，防止和减少“文明病”发生，以更好地适应社会需要。作为一门新兴学科，体育科学在其发展进程中不断学习其他学科领域的知识和方法，其研究和应用的范围越来越宽广。迄今为止，体育科学已经在哲学、自然科学和人文科学的各学科领域建立起分支学科，并初步形成现代体育的科学体系。体育科学的发展，极大地转变了传统社会遗留下来的，至今还有一定影响的“体育无科学”的有害观念。体育是科学也为更多的人所接受和认同，而正确树立体育科学观，无疑有利于人们形成科学的体育价值观和坚定的体育信仰，树立终身体育观——坚持不懈地以正确的方法最终达到既定目标。

一、体育科学体系

体育是人的社会活动之一。体育活动的对象是人的身心和社会。在长期的体育运动实践中，在体育科学的探索中，人们逐渐认识到体育运动的科学基础主要有以下三个方面。

（一）体育生物科学

体育生物科学是生物科学与体育运动结合的产物，在我国又称为“运动人体科学”，其任务在于揭示体育运动保障身体健康、增强体质以及开发人的生物潜能的内在生物机制和一般规律。体育生物科学是以学科群的形式存在的，根据不同的研究方向可分为运动解剖学、运动生理学、运动医学、运动生物力学和运动生物化学等。

（二）体育人文社会科学

体育人文社会科学是体育人文科学和体育社会科学的合称。其研究任务在于揭示体育与人、体育与社会之间内在的必然联系和一般规律。在这一学科群里包括了众多的学科，如体育哲学、体育基本理论（体育概论、体育原理）、体育史、体育教育学、体育社会学、体育经济学、体育管理学、体育美学、体育心理学、体育伦理学、体育法学、体育新闻学、体育文献学等。

（三）体育技术科学及其体系

体育技术科学及其体系类似于国外所说的体育方法学或体育行为学，它是介于上述两个学科群之间的应用学科群，其研究任务是揭示合理的运动技术和战术、运动训练、身体锻炼及人的身心与相关环境要素之间内在的必然联系和一般规律。体育技术科学主要包括运动专项理论与方法、运动训练理论与方法（竞技运动理论或运动训练学）、运动竞赛理论与方法（运动竞赛学）、健身健美理论与方法等。以上学科并不是互不相干或杂乱无章的堆砌，它们在马克思主义哲学（辩证唯物主义和历史唯物主义）的前提下，从不同的方面共同对体育运动发挥理论的指导作用，从而逐渐形成体育科学的一个较为完整的分层次的学科系列，这就是体育科学体系。体育科学的性质是耐人寻味的。从体育运动科学基础及其派生的学科群来看，体育科学既不是单纯的自然科学，也不是单纯的人文社会科学，更不是单纯的技术科学，而是一门具有突出的综合性、应用性特征的新兴科学。在我国普通高等学校本科和研究生专业目录中，体育学一直作为一级学科被列入“教育门类”。20 世纪 90 年代由国家技术监督局发布的我国《学科分类代码》中，也把体育学作为一级学科列入人文社会科学类。体育科学既可归属于自然科学类，又可归属于人文社会科学类的情况，反映了其综合性的学科性质。

二、体育是科学的具体表现

（一）运动训练科学化

运动训练科学化是现代体育的重要标志之一。随着近半个世纪以来竞技水平的提高，国际体育竞争的激烈和现代科学技术的飞跃发展，越来越多的人认识到，只有广泛地应用现代科技成果指导训练，才有可能获得理想的训练效果，才有可能在当代激烈的国际竞争中取得胜利。于是,人们不再仅仅满足于按照师徒相传的经验进行训练,而是纷纷去探求新理论、新思想、新的科学技术、新的仪器器材、新的方法和手段,追求运动竞技水平更快地提高。这就是在世界范围内方兴未艾的运动训练科学化的总体发展趋势。

运动训练科学化包括两个层面的工作:一是采用时代可能提供的进步思想和先进的科学技术、方法、手段,按照运动训练的一般规律和专项运动的特殊规律进行训练;二是从实际出发,针对运动员个体差异和影响其运动成绩提高的各种因素(包括身体的、心理的、技术的、战术的等主观因素和客观因素),进行课题或科技攻关研究,并将科研成果及时、有效地应用到运动训练实践中去。前者解决训练的共性问题,后者解决训练的个性问题。只有将两者结合起来,才能充分发挥科技在训练中的作用,从而有效地提高训练质量和水平。

(二)全民健身科学化

全民健身科学化是把全民健身活动纳入科学轨道的过程。这是群众体育在现代条件下的一个大发展,是现代体育的一个大趋势。实施全民健身科学化的基本特点在于科学、实效。全民健身科学研究主要包括全民健身战略与奥运战略相互关系研究、科学健身基本理论与方法研究、国民体质检测与服务研究、全民健身器材的研制及场地管理研究等。全民健身科学研究不仅提高了全民健身服务中的科技含量,从而提高全民健身效果,而且还会推出时尚、新颖、受欢迎的健身产品和服务项目。全民健身科学研究有利于培育全民健身科技成果市场,推动全民健身产业化的进程。党的“十六大”报告中提出的全面建设小康社会的奋斗目标,“形成比较完善的现代国民教育体系、科技体系和文化创新体系、全民健身和医疗卫生体系”,更为全民健身科学化提出了明确的发展目标。

(三)国际体育科学的交流与合作

在体育科学的发展突飞猛进的情况下,近年来,国际体育科学的交流日益频繁。自 1989 年起,国际体育科学大会每两年召开一次,而且会议规模逐渐扩大,与会人数迅速增加。此外,定期召开的奥林匹克运动会,已成为国际体育运动不可缺少的组成部分,成为联系各国体育科学家和学者的纽带。不仅如此,为进一步加强体育科研成果的交流，促进体育科研成果的发展，国际奥委会正在研究设立体育科学研究领域的“诺贝尔奖”——人类运动和体育研究荣誉奖。

第四节　现代奥林匹克

一、现代奥林匹克的产生

顾拜旦

法国教育家顾拜旦是公认的现代奥林匹克创始人，他为奥林匹克运动的诞生和发展做出了卓越贡献。1888 年，顾拜旦就任法国学校体育训练筹备委员会秘书长。1889 年顾拜旦进一步了解了世界体育的动态，他认为近代体育的发展正在走向国际化，应该借助古希腊体育的经验和传统影响来推进国际体育，于是产生了复兴奥运会的想法。为了实现这一想法，顾拜旦做了大量的工作。1891 年，顾拜旦创办《体育评论》杂志，以此为阵地热情宣传他的主张，对创办奥运会起了积极的推动作用。1892 年，顾拜旦遍访欧洲，宣传奥林匹克理想。同年 11 月 25 日在庆祝法国体育联合会成立五周年大会上，他发表了著名的演说，第一次公开和正式地提出创办现代奥运会的倡议。在演说中，顾拜旦阐明：现代奥运会应该像古代奥运会那样，以团结、和平与友谊为宗旨，但应该比古代奥运会有所发展和创新，它应该向一切国家、一切地区和一切民族开放，并在世界各地轮流举办。顾拜旦的倡议，使现代奥运会从一开始便冲破民族和国家的界限，具有鲜明的国际性。1893 年，顾拜旦在巴黎召开了一次国际性体育协调会议，团结国际体育人士，讨论创办奥运会的问题。翌年，他还将自己的倡议写成公开信，寄给许多国家的体育俱乐部，得到不少体育俱乐部的支持。在国际上各种因素的推动及顾拜旦的不懈努力下，创办奥运会的各种准备工作宣告就绪。1894 年 6 月

16—24 日，根据顾拜旦的建议，来自美国、英国、瑞士、西班牙、意大利、比利时、荷兰和希腊等 12 个国家的 79 个体育组织的代表，参加了在巴黎举行的"恢复奥林匹克运动会代表大会"。这次会议通过了成立国际奥委会的决议，并从 79 名正式代表中选出 15 人任第一届国际奥委会委员。大会还决定由奥运会举办国的国际奥委会委员担任国际奥委会主席。由于首届奥运会定于 1896 年在希腊首都雅典举行，因此希腊委员维凯拉斯当选国际奥委会第一任主席，顾拜旦为秘书长。大会规定每四年举行一次奥运会。大会还规定奥运会的比赛项目为田径、水上运动、游泳、赛艇、帆船、击剑、摔跤、拳击、马术、射击、体操、球类运动等。1896 年 4 月 6—15 日，第一届现代奥运会终于如期在雅典举行。虽然运动会组织很不完善，但它却是现代奥林匹克运动正式诞生的重要标志，具有继往开来的意义。现代奥林匹克运动终于登上历史舞台，揭开了人类文明史上一页新的篇章。

二、艰难的探索(1894—1914 年)

遵循着一定的时间周期在世界各地举办大型综合性国际运动会，让体育运动服务于各国人民，服务于世界和平，这种做法在 19 世纪末遇到的困难是今天的人们难以想象的。其实以摧枯拉朽之势横扫全球的工业革命，在给社会带来巨大进步的同时，也将民族矛盾激化到前所未有的程度。在思想方面，受固于各自小天地的长期束缚，人们还难以理解奥林匹克思想，对接受奥运会这种国际性的文化还缺乏必要的思想准备。在体育方面，正在发展中的现代竞技运动与体操运动尖锐对立，体育界四分五裂，门户之见根深蒂固，派别之争频频出现，举办世界性的大型综合运动会既无先例，也缺乏经验。在配套设施方面，尚不发达的交通、通信条件远不能满足奥运会的需要。就奥林匹克运动本身而言，新生的国际奥委会还不成熟，除体操、滑冰和赛艇外，其他运动项目尚无国际组织，且各个国家奥委会尚不存在。在这种情况下，早期奥运会存在着诸多缺陷。首先，奥运会设立比赛项目不固定，每届项目均有所不同，主办者可临时增减项目(如首届奥运会的赛艇和帆船比赛，因天气不好而取消，临时增加了一项 100 米自由泳比赛)，项目内容重复(第二届奥运会体操个人全能由双杠、单杠、吊环、鞍马、跳马、自由体操、跳远、跳高与跳远综合跳、撑竿跳、爬绳、50 公斤举重等项目组成)。其次，运动场地缺乏统一标准，不仅跑道长度不同，有 333.33

米(1896 年奥运会)、500 米(1900 年奥运会)、536.45 米(1904 年和 1908 年奥运会)、383 米(1912 年奥运会)几种,而且场地的设计也不统一,如首届奥运会采用"U"形跑道,第二届奥运会使用草地赛跑,最初的游泳比赛在天然水域内进行。第三,比赛缺乏必要的规范,如马拉松比赛的距离每届都不相同,举重和摔跤无体重分级和时间限制;度量体系混乱,时而英制,时而公制;组织者可擅自临时改变比赛日程;裁判多由举办国人员担任,执法难以公正;各项目运动员参赛资格不一致;奥运村尚未建立,运动员住宿地分散而混乱;奥运会也没有固定期限,短则 10 天,长则五六个月。第四,经费紧缺。首届奥运会因为资金短缺,几至半途而废。紧接着连续三届奥运会因资金问题,不得不与商业博览会联合,成为博览会的陪衬。1908 年伦敦奥运会是奥运发展史上的一个重要里程碑,出现了脍炙人口、强调参与的奥林匹克名言:"重要的不是取胜,而是参与。"英国是当时世界上竞技运动组织化程度最高的国家。主办这届奥运会的英国奥林匹克理事会由国际奥委会的英国委员和英国各单项体育协会的代表组成。这种人员结构,为其他国家奥委会的构成提供了范例。这届奥运会各项比赛的技术性工作,从制定赛制、编排赛程到选派裁判、组织比赛均由各单项体育协会负责,规范化程度大大提高。这为后来由各国际单项体育联合会管理奥运会技术工作奠定了基础。至此,奥林匹克"三大支柱"的组织结构已现雏形,各自职责相对明确,从而确定了奥林匹克组织体系的基本框架。

在探索阶段即将结束时,第五届奥运会于 1912 年在斯德哥尔摩举行,其参赛成员国的数量比第一届翻了一番,运动员人数增长了 75 倍。现代奥林匹克运动巩固了自己的阵地。

摔跤比赛

这一时期,奥林匹克组织发展迅速,国家奥委会成员数量从第一次世界大战前的 29 个增至 60 个,国际单项体育联合会达到 24 个。1926 年国际奥委会建立了由各国际单项体育联合会代表组成的技术委员会。此后,国际奥委会逐渐摆脱技术性事务,开始更多地关注领导、协调、决策等更高层次的工作。奥林匹克运动终于形成了国际奥委会、国际单项体育联合会和各个国家或地区的奥委会三大支柱互相配合的组织体系。

1920 年出现的奥林匹克格言“更快、更高、更强”，是这一时期奥林匹克思想的重要表现，它与“重在参与”相辅相成，鼓励人们以积极进取的精神参与到奥林匹克运动中来。

奥运会与科学技术的相互结合也取得重要进展，在工程建筑、电子设备和通信中大量采用了当时最先进的技术，如 1932 年采用双镜头照相机进行终点摄影，第一次在奥运会上非正式使用电动计时和终点摄影仪，运动会场设置大屏幕记分牌，出现自动打印机网络等。从 1936 年柏林奥运会开始，组委会采用电影这一形式对奥运会进行完整的记录。首次奥运闭路电视转播也在此时开始。

这一时期存在的主要问题是运动员业余身份所引起的冲突，许多运动员因此而受到处罚，如曾 3 次参加奥运会、获得 9 枚奖牌、被记者称为“超人”的著名芬兰长跑选手努尔米因接受补贴，被视为“职业运动员”，无缘参加 1932 年的奥运会。此外，随着奥运会影响的扩大，一些政治势力试图将其作为政治工具的意图日益暴露，这在 1936 年由希特勒统治下的纳粹德国所举办的冬、夏两届奥运会中表现得尤为突出。

三、发展与危机(1945—1980 年)

第二次世界大战是人类历史上规模空前的战争，全世界有六十多个国家和地区逾 20 亿的人口先后卷入。1940 年和 1944 年两届奥运会被迫取消。第二次世界大战之后出现了复杂多变的国际局势，如两大阵营的对抗、冷战格局的形成、亚非拉民族解放运动的风起云涌等。世界的新格局既促进了奥林匹克运动的发展，也给它设置了重重障碍。

战后，奥林匹克运动出现了一系列新变化。奥运会规模扩大，项目剧增。战争结束后的 1948 年夏季奥运会有来自 59 个国家奥委会的 4 062 名运动员参加 136 个项目的比赛，1972 年时则有 121 个国家奥委会派出 7 121 名运动员，参加 195 个项目的比赛。冬季奥运会参赛运动员数目也由 1948 年的 28 个成员国的 369 人增加到 1972 年的 35 个成员国的 1 006 人。在奥运会规模扩大的同时，竞技运动的水平快速提高，出现了体操运动员科马内奇，田径运动员摩西、比蒙等一批超级明星和 8.90 米这样令人难以置信的跳远纪录。1960 年埃塞俄比亚的阿贝贝赤足获得马拉松比赛冠军，标志着发展中国家开始在奥运体坛显示力量。奥运会举办地也不再局限于欧洲和美洲。

1956 年和 1964 年分别在大洋洲澳大利亚的墨尔本和亚洲日本的东京举办了第 16 届和第 18 届奥运会。

这一时期最引人注目的一件大事，是 1979 年恢复了中华人民共和国在奥林匹克运动中的合法席位，这不仅为中国体育提供了一个广阔的国际舞台，促进了中国体育和社会的发展，而且对奥林匹克运动也产生了极其重要的促进作用。

奥林匹克运动的迅速发展也引发了一系列新的问题。第一，政治格局的变化对奥运会的影响。1952 年赫尔辛基奥运会以来，政治对奥运会的影响步入一个新的阶段。社会主义与资本主义政治体系的冲突、种族主义与反种族主义的斗争、各种意识形态的对立等，都对奥运会产生深刻影响。与此同时，恐怖主义分子出于政治目的，开始将奥运会作为自己的攻击目标，1972 年慕尼黑奥运会即为一例。出于政治原因而对奥运会实行的抵制连续不断，规模越来越大。第二，竞技运动商业化和运动员职业化的进程开始加快。20 世纪 60 年代中期以来，奥运会作为一种文化商品的趋势已露端倪，国际奥委会的“业余”禁条屡被触动，奥运会与经济相结合的势头强劲，防不胜防。奥运会比赛中欺骗行为有所抬头。例如，违禁药品的滥用日益严重，1960 年罗马奥运会出现奥运史上第一例运动员因服用兴奋剂而丧生的事故，兴奋剂问题开始引起人们的注意。此外，在女子项目的比赛中出现了有男性特征的运动员，运动员的性别问题也成为人们关注的对象。第三，奥运会出现经济危机。随着奥运会的膨胀，举办奥运会所需要的人、财、物等各种资源的投入急剧增加，而旧有的筹资方式远不能满足举办奥运会的需要，再加上举办奥运会对当地居民生活环境的影响，一些居民反对在自己的城市举办奥运会，如美国的丹佛市就因此而不得不将已经得到的 1972 年冬季奥运会举办权交回，由国际奥委会另选城市。1976 年蒙特利尔因举办奥运会而债台高筑。到 20 世纪 70 年代后期，愿意举办奥运会的城市只剩下洛杉矶一个。当时的国际奥委会对第二次世界大战后社会的深刻变化和 20 世纪 60 年代以来奥运会社会化、大型化、综合化的新趋势缺乏认识，坚持多年来形成的封闭格局，拒绝与其他国际组织和政府机构打交道，以保持自己的“独立性”，坚拒商业于奥运之外，以保持奥运的“纯洁”，从而使奥林匹克运动严重脱离社会。国际奥委会的保守与僵化加剧了它与国际单项体育联合会和国家奥委会的矛盾，为了集聚各自的力量，国际单项体育联合会于 1967 年成立了国际单项体育联合会总会，各个国家的奥委会也于 1979 年成立了国家奥委会协会。

奥林匹克三大支柱的合作关系出现了危险的裂痕，它们共议大事、互相沟通的奥林匹克代表大会也已自 1930 年起就处于休眠状态。此外，尽管第二次世界大战后大批新获独立的第三世界国家加入奥林匹克运动，但在布伦戴奇任国际奥委会主席的 20 年间仅增加了 6 名国际奥委会委员，发展中国家的呼声受到忽视。于是，自 20 世纪 60 年代后期以来，国际奥委会内外交困，风雨飘摇，其全部资产到 1972 年只剩下区区 200 万美元。奥林匹克运动积蓄已久的各种矛盾发展到了非解决不可的程度。旧的模式已无能为力，而新的模式、新的运行机制尚未建立起来。1972 年，爱尔兰人基拉宁接替布伦戴奇，出任国际奥委会第六任主席，拉开了改革的序幕。

基拉宁任职的 8 年是奥林匹克运动由封闭转为开放的过渡阶段，国际奥委会开始重新审视奥林匹克运动与社会的关系。19 世纪形成的业余原则和奥林匹克运动可独立于政治之外的观点对人们思想所形成的禁锢开始松动。尽管这 8 年奥林匹克运动的改革进程是缓慢的，却为下一阶段萨马兰奇大刀阔斧的改革做了必要的准备。

四、改革与创新

1980 年西班牙人萨马兰奇接替基拉宁，出任国际奥委会主席。萨马兰奇审时度势，开始了全面的改革。这场改革的核心内容是由封闭转为开放，使奥林匹克运动跟上社会前进的步伐。国际奥委会一反过去视商业化为洪水猛兽的陈腐观点，充分肯定它对体育运动的积极作用，大胆引进市场经济的机制，积极而有控制地对奥运会进行多种商业开发，给奥林匹克运动建立了一个坚实的经济基础。

1984 年洛杉矶奥运会的组委会对举办奥运会的经济运作机制进行了大胆改革，变沉重的包袱为可观的经济效益。国际奥委会敏锐地觉察到这一事件的重大意义，对洛杉矶的经验进行认真总结，设计出一整套规范而有效的经营奥运会的做法，如“奥林匹克计划”(TOP 计划)等，从而为奥林匹克运动提供了坚实的物质基础。1992

年国际奥委会已拥有资产 125 亿美元，1993—1996 年整个奥林匹克运动从商业开发中获得 23 ~ 25 亿美元的总收入。国际奥委会本着取之于奥运，用之于奥运的原则，通过奥林匹克团结基金组织，对整个奥林匹克运动，特别是发展中国家的奥林匹克运动给以积极的援助。

链球比赛

肯定商业化的积极意义的一个直接结果就是废除了对参赛者业余身份的限制。业余原则从一开始就有其不可操作性，它不仅与奥林匹克运动的宗旨相矛盾，而且也不符合现代竞技运动发展的现实。由于竞技运动水平的迅速提高，运动员必须投入大量的时间和精力。在高水平的竞技运动中，纯粹的业余运动员不复存在。各国或明或暗地给奥运选手以经济补贴成为公开的秘密。在这种情况下继续坚持 19 世纪末期的业余主义，必将严重地阻碍奥林匹克运动的发展。20 世纪 80 年代的改革彻底取消了这一限制，宣布奥运会向世界上一切最优秀的运动员开放，这就保证了奥运会的比赛具有最高的竞争水平和观赏价值。

国际奥委会以现实主义的态度承认体育运动不可能独立于政治之外，这一思想解放，使国际奥委会不再在多变的国际政治局势中奉行被动的"鸵鸟政策"，而是采取主动出击的姿态，同政府与非政府的组织建立广泛的联系，为奥林匹克运动和国际体育的利益，积极灵活地斡旋于国际的风云变幻中。商业化给奥林匹克运动奠定的经济基础，增强了国际奥委会政治上的独立性。

与此同时，国际奥委会对奥林匹克运动的组织制度也进行了一系列革新。萨马兰奇改组了国际奥委会的内部机构，使之适应现代化管理的要求。萨马兰奇将自己的工作地点迁往洛桑，他成为继顾拜旦之后，常驻总部的国际奥委会专职主席。萨马兰奇改革了国际奥委会总部的行政机构，使之有良好的办事效率，调整并充实了国际奥委会的专门委员会，使国际奥委会在处理各种专业性很强的问题时能够及时咨询各方面的专家。

国际奥委会有意识地在发展中国家吸收委员，并在 1981 年开始有了妇女委员，这使得国际奥委会的人员结构得到改善，妇女在奥林匹克事务管理决策层的地位得到认可。

奥林匹克运动在法治的道路上也迈进了一大步。首先，国际奥委会在 1981 年得到瑞士联邦的正式承认，成为具有法人资格的国际组织，从而结束了其长达 87 年的"法律真空"的身份。其次，独立的国际体育仲裁法庭于 1983 年建立，使国际体育中的冲突可以得到公正合理的处理。自 1981 年开始，一系列奥林匹克的相关组织相继问世，如各大洲的奥委会协会（非洲国家奥协、泛美体育组织、亚奥理事会、欧洲国家奥协、大洋洲国家奥协）及奥运冬季和夏季项目联合会，各方面的利益得到协调，奥林匹克运动三大支柱之间重新出现了同舟共济的局面。也是在这一时期，国际奥委会开始积极与各种官方与非官方国际组织，如联合国教科文组织、世界卫生组织、联合国儿童基金会、国际环境保护组织等密切合作，并寻求各国政府体育部门对奥林匹克运动的支持。

国际奥委会与各国政府合作开展的反兴奋剂斗争等活动取得了很大成效。奥林匹克运动的内外环境有了根本改观。同时，国际奥委会开始积极主动地在大众体育、体育科学、文化教育等诸多领域进行开拓，使奥林匹克运动日益成为一项持续的活动，而不仅仅是四年一度的奥运会。正如萨马兰奇所说："多年来国际奥委会给人们的印象是只关心组织四年一度的奥运会，现在它参与了更加广阔的领域。"国际奥委会利用洛桑的奥林匹克博物馆开展各种文化教育活动，支持残疾人奥运会，开展以大众体育为内容的"奥林匹克日"活动，赞助世界大众体育大会、奥运会科学大会、国际奥委会世界科学大会，设立"国际奥委会主席体育科学奖"等。

如果说，20 世纪 80 年代奥林匹克运动由封闭转为开放，找到了自己在新的社会条件下进一步发展的途径，那么进入 20 世纪 90 年代后，它在保护生态环境方面又试图为人类社会提供一个人与大自然和谐相处的榜样。这一新的奋斗是以 1993 年落成的奥林匹克博物馆新馆和 1994 年利勒哈默尔冬奥会为标志开始的。坐落在洛桑的奥林匹克博物馆为了不破坏周围的自然景观，采取了依傍地形、向下发展的建筑原则，与环境融为一体。为了保存一棵百年老树，不惜改变设计，使这棵与奥林匹克运动同龄的老树和博物馆共存。在利勒哈默尔冬季奥运会的筹备工作中,国际奥委会和奥运会组委会也将环境保护列为首要原则。为了保护生态环境,曾几度修改设计方案,从而赢得了环境保护组织的尊敬。国际奥委会向夏季奥运会建筑对城市生态环境和冬季奥运会对自然生态环境的影响提出要求,并强调奥运场馆的会后可利用性。

改革给世纪之交的奥林匹克运动带来勃勃生机的同时也提出了许多新的问题与挑战,其中最核心的是:①如何控制商业化的副作用,保持奥运高尚的道德目标;②如何在各种政治力量斗争中保持奥林匹克运动的独立性;③如何控制奥运会规模,让更多的城市有机会举办奥运会;④如何更有效地进行全球的反兴奋剂斗争。

五、未来展望

与世界上的任何事物一样,奥林匹克运动也有一个产生、发展与衰亡的过程。但是就目前的社会条件来分析,奥林匹克运动还远远没有完成历史赋予它的使命。20世纪,我们生活的这个星球第一次出现了真正意义上的国际社会,各个国家和地区之间在政治、经济、文化等方面的联系从来没有像今天这样密切,生活在世界不同地区的人们的接触从来没有像今天这样频繁。"地球村"一词形象地表述了今日各个民族的密切关系。现代文明在给予人类更多力量的同时,也赋予他们更重大的责任。当今人类社会的繁荣是各个国家合作交流的结果,所面临的巨大困难更需要大家共同去努力克服。

国际奥委会主席罗格

2001年7月,国际奥委会迎来了历史上第八位、也是21世纪第一位主席比利时人罗格。罗格在上台后宣布施政纲领时说:在未来的国际奥林匹克运动中,最需要解决的问题一是如何控制越来越庞大的奥运会;二是如何在全球范围内开展有效的反兴奋剂斗争。为此,国际奥委会成立了一个国际奥委会奥运会研究委员会,专门对如何有效地控制奥运会规模进行研究;与世界反兴奋剂机构(WADA)展开了密切的合作，呼吁各国政府参与到反兴奋剂的运动中来。

国际奥委会主席罗格已经公开表示，今后的每一届夏季奥运会的比赛大项将保持在28个，如果有新的项目要加入，就必须有旧的项目退出。国际奥委会还将对每一届奥运会的比赛项目的受欢迎程度进行追踪，从而做到在每一届奥运会的项目设置上“有的放矢”。

奥林匹克运动在20世纪已经为世界体育的发展和人类社会的进步做出了巨大贡献，在21世纪，尽管它还会遇到各种意想不到的困难和挫折，但是它仍会在困难和挫折中走出自己的发展之路，继续以其独特的方式，促进人类社会的和平、友谊和进步。

奥林匹克运动从20世纪80年代开始改革以来，赶上了时代发展的潮流，克服了危及奥林匹克运动生存的经济危机和政治危机。但是奥林匹克运动仍然存在的一些难题，构成了未来对其本身发展的挑战。

1. 政治干预

对国际奥委会独立性的挑战主要来自政治对奥林匹克运动的干预。在不同的历史时期，政治对奥林匹克运动的干预是不同的。在第二次世界大战结束后长达40年的时间内，奥林匹克运动经历了许多政治风暴的考验，其中影响最大的是20世纪70—80年代奥运会所面临的一次次大规模的政治抵制。这些政治抵制的根本原因是东西方两大集团之间经济、政治利益的冲突和种族主义与非洲国家反种族主义的矛盾。在奥林匹克运动未来的发展中，出现同样大规模抵制的可能性大大减少。这是因为世界的政治格局已经发生了巨大变化，进行大规模抵制的政治原因已大大削弱。但企图左右国际奥委会对其事务独立进行决策的政治势力还存在，国际奥委会为了保持自己的独立性，在承认奥林匹克运动与政治不可分割的同时，坚决反对把奥运会作为某个国家政府的政治工具，对各种政治干预采取了有效的对策，如1992年联合国安理会通过757号决议，对南斯拉夫进行制裁，要各会员国禁止南运动员进入他国领土参加国际比赛，而国际奥委会并没有简单服从，经过一系列策略外交，使南斯拉夫运动员以个人身份参加了巴塞罗那第25届奥运会比赛。此外，美国国会对北京申办2000年奥运会的非议和干涉，也遭到国际奥委会的公开批评。这些都表现出国际奥委会的独立政治立场。

2. 三大支柱间的矛盾

国际奥委会、国际单项体育组织和国家奥委会是奥林匹克运动发展的基石，三者之间的团结、协作是极为重要的。在1973年恢复自1930年中断的奥林匹克代表大会上，特别讨论了三者团结的重要性。目前三者之间的关系，总的来说是融洽的，但也存在潜在的风险，主要表现在权利和经济利益分配上。

(1)遴选奥运会主办城市。国际奥委会认为，遴选主办城市是国际奥委会的独有权利。但就现实情况看，国际单项体育组织负责奥运会的一切技术问题，如比赛规则、运动员及格标准、每个国家参加每个单项的运动员人数等；是否允许职业选手参赛，也属其权限所在。国家和地区奥委会负责派出参加奥运会的运动员，有哪些项目、派多少人数，均由国家和地区奥委会自己决定。基于上述理由，国际单项体育组织和国家奥委会认为，遴选主办城市也与它们密切相关，希望改变今日遴选主办城市由国际奥委会独家投票决定的状况。

全民奥运

(2)委员制。国际奥委会委员是由国际奥委会直接遴选的。根据《奥林匹克宪章》规定，这些委员是“国际奥委会在他们各自国家的代表，而不是他们国家在国际奥委会的代表”。奥林匹克运动一切问题的讨论都是在国际奥委会内部进行，而奥林匹克运动开展的实体国家奥委会，只享有十分微小的决策权。目前国际奥委会共有205个国家和地区奥委会成员，现任国际奥委会委员仅126人，且有些国家有两名或两名以上委员。一些国家奥委会对此持有异议，要求改变现行的组织结构，变委员个人制为各国奥委会的代表制，一国一票，使自己在奥林匹克运动的发展中拥有更多的发言权。

上述问题由来已久，但随着奥林匹克运动的发展，日益明显突出，有待于国际奥委会、国际单项体育组织和国家奥委会三方面协商解决。

3. 商业化的挑战

商业化是使体育运动适应现代社会的一个最有力的因素。利用商业手段寻求发展,已经使当代奥林匹克运动摆脱了经济上进退两难的困境。但商业化也会影响奥运会竞技运动的正常进行,如汉城奥运会的许多比赛本应在下午或晚上进行,但为满足电影广播权最大买家美国电视广播公司的要求,组委会将比赛移到早晨以顺应美国东部电视的黄金时间。这种安排显然会影响运动员水平的正常发挥。国际奥委会为使商业化能按照有利于奥林匹克运动发展的轨道前进,采取若干控制措施:坚持在奥运会比赛场地及其上空不准进行任何形式的广告宣传的原则,使奥运会在世界各种国际体育大赛中,成为唯一没有商业广告的运动会,扩大经济来源,降低电视转播权在总收入中的比例,以减少对电视广播公司的依赖;设立奥林匹克团结基金,加强对不发达国家的援助。但如何防止过度商业化,仍是国际奥委会面临的新课题。

4. 职业化的挑战

前国际奥委会主席萨马兰齐

业余原则一度是奥林匹克运动理想的基本原则,被视为奥林匹克运动的基石和生命线。坚持业余的原则,其目的是为了纯洁奥林匹克精神。但是,随着社会和奥林匹克运动发展,仍坚持“业余”的原则已不现实。因为高水平的运动员,只有把主要精力和时间用于训练才能达到体育运动的最佳状态。长期训练的花费只有来自国家或企业赞助。同时,固守“业余主义”,会将许多优秀选手排斥在奥运会门外,束缚奥林匹克运动的发展,不利于运动水平的提高。1980 年国际奥委会从《奥林匹克宪章》中取消了“业余”的规定,1988 年允许职业网球运动员参加奥运会比赛。运动员参赛资格也由各国国际单项体育组织自行决定,这一方面是因为有些国际单项组织对职业选手参赛仍持观望态度,另一方面是为了使奥林匹克精神不受损害,将那些处于经纪人手中,不为国际体育组织所控制的职业选手,如职业拳击运动员排斥在奥运会之外。

5. 滥用兴奋剂的挑战

从20世纪60年代以来,在奥林匹克运动中使用与反对使用兴奋剂的斗争始终没有停止过。利用兴奋剂提高运动成绩是一种欺骗行为,是对奥林匹克运动的教育价值和“更快、更高、更强”的激励口号的嘲弄。国际奥委会在禁止使用兴奋剂方面态度十分坚决,对违禁者的处罚也不断加重。但是由于在现代社会中,国际大赛的运动成绩往往与巨大的经济利益和其他利益联系在一起,因而使用兴奋剂的现象不会在短时期内消失,使用兴奋剂的手段会越来越隐蔽,这就会对检测兴奋剂的手段不断提出新的要求。奥林匹克运动中反对兴奋剂的斗争不仅是一场不同体育道德观之间的斗争,也是一场现代科学技术之间的斗争。

6. 超大规模的挑战

第二次世界大战前,参加奥运会的人数不多,参加的国家和地区也不到50个。战后,奥运会的参赛运动员、国家和地区的数目急剧增加,1992年巴塞罗那奥运会运动员人数为9 364人,国家和地区为172个,2004年雅典奥运会时国家和地区有202个,此外,还有数量可观的教练员、裁判员、新闻记者、保安人员和服务人员,总数达7万多,再加上几十万甚至上百万的旅游观光者。规模如此之大,势必给举办城市带来沉重的负担。这种规模使得许多国家和地区的城市望而生畏。国际奥委会采取了限制奥运会的人数,提高新项目进入奥运会的标准,削减奥运会比赛项目等措施,控制奥运会的规模继续膨胀。

展望未来,奥林匹克运动在迎来它的一百周年诞辰的时候,将进入一个相对平稳的发展阶段。一方面奥运会向职业运动员开放,意味着奥运会将成为世界上第一流的运动员的竞技场,集中地表现出人类向自己极限挑战的最高水平,比赛场面也将更加激烈和扣人心弦;另一方面,奥林匹克运动将进一步均衡发展,以奥运会为代表的高水平竞技运动将与大众体育相结合,并促进大众体育的发展。国际奥委会通过成立“大众体育委员会”、赞助国际大众体育科学大会、发起“奥林匹克日”的大众体育活动等措施,使大众体育成为奥林匹克运动的有机组成部分。此外,奥林匹克运动在文化、教育、体育科学研究等方面的活动也日益活跃,奥运会的文化色彩更加丰富,各项文化艺术活动会达到更高的水平。更多的城市包括发展中国家的城市申办奥运会，会使更多的人认识到奥林匹克运动的丰富内涵和独到作用，奥林匹克运动将更加具有广泛性。

已经开始的奥林匹克运动改革将继续进行下去，奥林匹克运动将更加充满活力，在人类社会的发展中将发挥更加重要的作用，在不断地迎接挑战及满足社会需要的过程中走向未来。

第二章　大学体育教育

第一节　体育与教育的一般性理论

21 世纪的教育要以现代教育思想作为指导。不管是国际环境的新变化，还是国内的社会改革与发展都对人才素质提出了崭新的要求。培养高素质的新人，要求广大教育工作者树立新的教育理念。现代教育的基本特征主要体现在：

(1)以育人为根本，关注人的生存与发展；

(2)把对“学”的关注转向对“人”的关注，把知识引向人文关怀，关注人的生活意义；

(3)把对教育结果的关注转向对过程的关注，增强教育过程的人文性渗透；

(4)在追求教育的目的性、计划性与组织性的同时，尽可能地增强教育的灵活性和开放性，以增强现代教育的活力。

现代教育中最有影响的理念或思想是素质教育和终身教育。

一、学校体育与素质教育

按心理学的观点，素质的基本含义是：“人的先天的解剖生理的特点，主要是感觉器官和神经系统方面的特点，它是人的心理发展的生理条件，但不能决定人的心理内容和发展水平。人的心理来源于社会实践，素质也是在社会实践中逐渐发育和成熟起来的，某些素质上的缺陷可以通过实践和学习获得不同程度的补偿。”按照教育学的解释，素质可理解为：“着重表示人在先天生理的基础上，受后天环境、教育的影响，通过个体自身的认识与社会实践养成的比较稳定的身心发展的基本品质。”人的先天遗传素质在环境、教育的影响下，通过自身认识与社会实践而养成比较稳定的基本的身心品质，使人的生物性与社会化达到辩证统一，从而构成了人的整体素质。实质上，素质教育是将学生的知识、品德、能力、身心健康有机地结合起来：培养基础扎实、知识面宽、能力强、思想品德好、身心健康的高层次人才；教会学生做人、求知、办事，教会学生审美、健体、养护，教会学生创新与创造。学校体育既是素质教育的重要内容，又是素质教育的重要手段。素质教育具有全体性、全面性、发展性、主体性特征。

（一）全体性

学习和发展是每一个学生的权利。中共中央国务院《关于深化教育改革，全面推进素质教育的决定》（简称《决定》）指出："全面推进素质教育，要坚持面向全体学生，为学生的全面发展创造相应的条件。"要提高每个学生的基本素质，使每个学生都学有所得，学有所成，能够健康成长，成为社会有用之才。素质教育的这一特征要求学校体育也必须面向全体学生；要求体育课程教学目标的提出、内容的选择、考核标准的确定，都必须顾及全体学生体育学习的实际；要求课外体育活动的开展，应尽可能地满足全体学生的不同需要。学校体育应当使每个学生都学有所得，学有所成。

（二）全面性

素质教育是一种全面发展的教育。《决定》指出："实施素质教育，就是全面贯彻党的教育方针，以提高国民素质为根本宗旨，以培养学生的创新精神和实践能力为重点，造就'有理想、有道德、有文化、有纪律'的德智体美全面发展的社会主义事业建设者和接班人。"全面发展，就是要全面提高学生的思想道德、科学文化、劳动技能和身体心理素质，使学生学会做人、学会求知、学会劳动、学会生活、学会健体和学会审美，成为有理想、有道德、有文化、有纪律等全面发展的社会主义事业建设者和接班人。素质教育的这一特征，一方面要求学校体育应当全面提高学生的体育素质，既要增进学生的健康、增强学生的体质，又要培养学生终身体育的意识、兴趣、习惯和能力，还要提高学生的心理素质和社会适应能力；另一方面要求学校体育充分发挥其功能，在全面提高学生体育素质的同时，还要有利于学生思想道德素质、文化科学素质、审美素质和劳动素质的提高。

（三）发展性

素质教育着眼于学生和社会长远发展的需要，要求为学生的身心健康发展打好基础，为学生的终身学习打好基础，为学生将来走向社会打好基础，总之是要为学生的长远发展打好基础。所以，有人也把素质教育的发展性称为基础性。素质教育的这一特征要求学校体育：

（1）在为学生打好体质基础的同时，从小培养学生的自信心、自尊心，提高学生的心理素质，为学生打好身心健康发展的基础；

（2）要使学生认识和了解体育与健康的关系、个人与社会的关系，提高学生的体育意识和从事体育锻炼的社会责任感；

（3）要使学生掌握体育的基础知识和基本技能，学会健体，为学生的终身体育打好基础。

（四）主体性

学生是学习和发展的主体。素质教育是一种弘扬学生主体性的教育。素质教育注重学生的人格，承认学生的个体差异，重视学生的个性发展。因此，素质教育又是一种个性化的教育。主体性是素质教育最根本的特征，是素质教育四大特征的核心。素质教育的这一特征要求，改革压抑学生身心发展的学校体育思想、内容和方法，加强因材施教和区别对待，重视学生体育兴趣、爱好和特长的培养，尽可能地为学生主动地、生动活泼地进行体育学习和锻炼创造条件，促进学生个性的发展。

二、学校体育与终身教育

教育的终身化是现代教育发展的一个重要特征。终身教育思想是 1965 年联合国教科文组织终身教育局局长朗格朗在《终身教育导论》中提出的。他认为，教育应贯穿于人的生命过程的始终，学校教育只是一部分，只占一个人人生的 10% ~20% ，80% 的教育是在学校以外的地方得到的。1972 年联合国教科文组织发表了《学生生存——教育世界的今天和明天》，对终身教育的理论和原则进行了系统的论述。终身教育作为与战后革新时代经济、科技、文化、社会的迅速发展变化相适应的现代教育思想，能够推动社会持续高速发展；它能够保证人的真正的个性发展和自我实现；能够真正地实现机会均等，使教育成为实现社会平等和民主的一种强有力的手段。总之，终身教育观念能够使近代教育发生本质的变化，即将人生一个阶段的教育改变为终身的教育，将制度教育转变为个性化教育，将学校化教育转变为社会化教育。

在终身教育的影响下,更主要的是由于人们追求健康长寿、改善生活方式、提高生活质量的主体需要,终身体育思想在20世纪80年代应运而生。终身体育思想的核心内容就是要求学校体育在培养学生走向社会前,不仅使学生掌握锻炼身体的理论和经常从事体育锻炼的方法,还应使其养成锻炼的习惯和兴趣,为“终身体育”奠定基础。终身体育者的标准应是长期达到或超过体育锻炼的标准,共有五条:

(1)除特殊情况外,每周参加体育活动5次以上,每次活动30分钟以上,至少持续10年;

(2)目前对参加体育活动感兴趣;

(3)具有较好的整体体育知识水平;

(4)在参加体育活动时有好的总体感觉;

(5)将参加体育活动视为其生活中的重要组成部分。

第二节　学校体育思想和功能

一、近代比较有代表性的学校体育思想

1. 体质教育思想

体质教育思想是指在体育教学中,强调“发展学生身体、增强学生体质”的学校体育思想。它是在20世纪70年代末针对我国学校体育过于强调竞技功能,忽视学生体质以致出现青少年一代体质普遍不好的状况而提出来的,同时,它的提出也与新中国成立以来国家领导人重视国民体质的思想有关。体质教育的思想较为注重学生身体锻炼的直接效果和运动负荷的安排,采用日本运动处方的形式锻炼,它的提出标志着中国学校体育逐步突破自然体育,开始进入发展人体、完善人体的科学化锻炼历程,标志着中国学校体育思想建设进入一个相对成熟的自主发展时期。该思想由于在物质条件上的要求比较灵活,与中国改革开放初期的国情相适应,又便于实践操

作，因此在很长一段时期，它占据着我国学校体育思想的主导地位。

2. 技术教育思想

技术教育思想是指体育教学中强调以掌握运动技术、技能为主导的学校体育教学思想。在我国，普遍认为这种思想的形成是受强调运动技术学习的苏联体育教学理论的影响。该思想理论的主要依据如下：①体育教学应具有教学的共性，而“教学的特点是通过系统知识、技能的传授与掌握，促进学生身心发展”；②体育教学和课外体育活动是构成学校体育的两个子系统。在共同实现学校体育强健身体，增强体质的目的中，它们在目标任务上应形成互补。课外体育活动应以增强体质为主，所以体育教学应以传授体育知识、技能为主。技术教育思想以巴甫洛夫神经反射学说为理论基础，使人们对运动技术形成规律有比较清晰的认识。同时，它以运动技术作为学生学习的实践对象，在教学中容易把握，易于评价，因此，技术教育思想在我国学校体育思想中占有较重要的位置。

3. 快乐体育思想

快乐体育思想在20世纪80年代后期，从日本传入我国。一般认为，我国学者在快乐体育思想上存在两种理解。一种理解是直接受日本快乐体育思想的影响。其基本观点是“把运动作为体育追求的目的而不仅仅是手段，把运动作为学生将来的生活内容来教给他们，让他们理解、享受、掌握并创造运动，并以此来完成人的身心发展和继承运动文化遗产的社会需要”。要求在教学中“使学生根据自己的水平和能力进行自主学习，充分理解运动的本质，体验体育中的乐趣，从而热爱运动，养成习惯”。另一种理解也是受日本快乐体育思想的启发。其主要观点是：从终身体育与个人发展需要出发，从情感入手，强调学生的学习兴趣与创造学习，使学生能自主、快乐地从事体育学习。强调不仅把运动和情感作为实现教学目的与任务的手段，而且把运动中的内在乐趣和丰富情感作为目的。

4. 全面教育思想

全面教育思想是指在体育教学中以促进学生德、智、体和谐发展为宗旨，以全面完成体育教学的各项任务为主导的一种学校体育教学思想。该思想旨在从增强体质出发，把运动技术、技能教学与发展身体素质结合起来，思想教育、知识教育、社会教育贯穿始终，全面完成体育教学的培养、教育和发展的目标；主张用系统论的观点来看待体育教学过程，用三维体育观来理解学校体育的功能系统，认为只有从多方面挖掘体育的功能，不断拓展学校体育教学的任务，才能真正发挥体育教学在整个教育中的作用，才能突显出体育教学的地位。

5. 终身体育思想

终身体育思想脱胎于终身教育思想。其最早产生于苏联和日本等国家，在 20 世纪 80 年代中后期，开始在我国得到较为系统的传播。其主要观点是：学校体育应当为学生树立一个人终身从事体育服务的观念，奠定学生终身从事体育锻炼的基础。因此，在教学中应以激发学生的体育兴趣，养成其终身从事体育的观念和习惯，培养学生终身进行体育锻炼的基本能力为主导。终身体育思想以具有强烈时代性的终身教育思想为理论背景，符合现代社会对人的发展的要求，在学校体育教学中得到了普遍的关注。

6. 健康教育思想

健康教育思想在我国有着较长的历史。早在新中国成立初期其就被党和国家领导人所强调，但是，这种思想并不是单独针对学校体育而提出的，而是针对学校教育而提出的。由于在教育界和体育界普遍存在一种学校体育就是为学生健康而设立的思想，因此，这种思想一直影响着我国的学校体育。在当今世界普遍关注人的健康问题的大背景下，健康教育思想一跃成为学校体育的主流思想，强调学校体育应为学生的健康服务，并把健康教育的诸多内容纳入学校体育的教学体系，甚至把体育课程名称改为“体育与健康”。

二、学校体育功能的历史演进及再认识

（一）学校体育功能的历史演进

1. 从工具性认识到本质认识的回归

自现代学校体育在我国出现，人们对学校体育功能的认识以及对功能的实践，更多的是从“工具性”立场出发，即非常强调学校体育的军事、政治等功能。尽管在此期间也出现过对这种强调“工具性”认识的批判，但是由于社会动荡的大背景，学术批判始终难以引领潮流。1978 年十一届三中全会后，社会进入平稳发展的时期，人

们在认识学校体育的功能时更加理性，逐渐从“工具性”认识向“本质”认识回归，即更加强调学校体育在人的全面发展中的作用。

2. 从生物观向三维观的转向

20 世纪 80 年代以来，在人们对学校体育功能的认识向“本质”回归的同时，出现了对“本质”认识的片面现象，即在对学校体育功能的认识中过于强调学校体育“增强体质”的功能，而对其他积极功能的认识有所忽视。针对这一现象，在 20 世纪 80 年代中期有学者提出了“三维体育观”，认为应从社会、心理和生物层面对学校体育功能进行全方位的认识。三维体育观的提出对学校的体育教学产生了极大的影响，从此关于学校体育功能的开发性研究进入了一个非常活跃的时期，学校体育的功能也迅速扩增。

（二）学校体育功能的再认识

学校体育的功能包括：健身功能、娱乐功能、教育功能、促进个体社会化功能、社会体育基础功能、经济功能和文化功能。

1. 学校体育的健身功能

无数科学研究证明，对增强体质、增进健康（身体和心理）来说，体育锻炼是一种最有效、最可行的手段和方法。体育的健身功能主要是医学和生理学效应，即人科学、合理地进行体育运动，通过医学和生理学的多种机理，改善人体新陈代谢水平，提高体内营养物质的分解与合成能力，提高人体健康水平和增强体质。

体育的健身功能具体表现为：

(1)体育运动能改善和提高中枢神经系统的工作能力，使人头脑清醒、思维敏捷；

(2)体育运动能促进有肌体的生长发育，提高运动能力；

(3)体育运动能促进人体内脏器官构造的改善和机能的提高；

(4)体育运动能提高人体的适应能力；

(5)体育运动能调节人的心理，使人朝气蓬勃，充满活力。

2. 学校体育的娱乐功能

体育运动由于其技术的高难度、惊险性，造型的艺术性，配合的默契性和易于接受的朴素性，成了人们闲暇生活中不可或缺的一个重要部分。体育能起到丰富文化生活、满足人们精神需要的作用。我们称此为体育的娱乐功能。

体育的娱乐功能是通过观看和参与两个途径来实现的。

(1)观赏高水平的体育比赛，诸如美国 NBA 联赛、世界杯足球赛、世界拳王争霸赛、汽车拉力赛等对抗激烈、悬念重重的体育赛事，已经成为现代人在紧张的工作和学习生活之外娱乐消遣的重要组成部分。另外，诸如体操、跳水、花样滑冰等充满美感的运动项目，能使观众从中获得较高的艺术享受和美的心理体验，同时也可受到美(运动美)的熏陶。

(2)现代人通过参与体育活动，无论是日常体育锻炼还是有组织的体育比赛，只要是自己喜欢或者擅长的运动项目，都能在完成各种复杂练习的过程中，在与同伴的默契配合中，在与对手的斗智拼搏中，在征服自然胜利后，获得一种其他任何一种活动都无法比拟的异常美妙的心理快感和满足。无论是现场观看还是通过各种媒体间接欣赏体育比赛，或是成为比赛中的选手直接参与，都会使每一位参与者和观看者很快消除学习、工作中的身心疲劳，使心境、情绪得到调整，使其情感得到净化，享受生活乐趣，达到健康与长寿的目的。

3. 学校体育的教育功能

学校体育的教育功能是体育的基本功能。就体育的教育功能所产生的作用的广泛性而言，它对人类社会所产生的影响是体育的其他功能所无法比拟的。学校体育的教育功能突出地表现为它已被广泛纳入各国的教育体系之中。虽然世界各国的社会制度、政治观念、宗教信仰和意识形态各不相同，但体育在教育中的重要性均已被承认。从宏观的社会学角度来看，体育能激发人们的爱国热情，振奋民族精神，提高民族威望，反映国家国力和民生。早在春秋时期，我国教育家孔子就提出在教育中要学习“六艺”，即“礼、乐、射、御、书、数”。其中，射和御就是指现今的体育技能和体育锻炼。作为一种教育思想，希腊的大哲学家亚里士多德曾率先提出，体育、德育、智育是相互联系的整体，体育应优先于智育。

4. 学校体育的促进个体社会化功能

个体社会化是指由生物的人变成社会的人的过程。人刚出生时，只是一个生物的人。要成为一个社会的人，即一个被社会或群体所需要的人，他就得学习社会或群体的规范，知道社会或群体对他的期待，从而逐步具备作为这一社会或群体的成员所应具备的知识、技能、态度、情感和行为。人类社会化过程中，体育活动起着极其重要的作用。

人刚出生时，生理上几乎完全要靠他人帮助，对环境的适应能力也相对较差，甚至连最简单的坐、立、行、走都不会，因此人的基本技能都是靠学习和模仿得来的。体育活动是人们获得基本技能的重要途径。儿童在体育游戏中学会走、跑、跳等基本生活技能，同时在体育游戏中通过各种角色体验，模仿各种社会角色的行为和动作，学会适应生活。在各阶段的学校生活中，通过法定的体育课和课外体育活动，进一步提高其身体活动能力，掌握更多的基本技能。

5. 学校体育的社会体育基础功能

许多社会体育方面的研究都不约而同地得出了“社区体育要以社区附近的学校为中心来开展”这样一个基本结论，这充分说明了学校体育的基础地位，对现代学校体育是一个新的挑战。当前我国社会体育的现状可以概括为两个缺乏：一是缺乏必要的体育场地、器材和设施等基本条件；二是缺乏大量社会体育指导员和体育骨干。在相当长的一段时期内，解决这两个问题的主要途径还是学校体育。

6. 学校体育的经济功能

在现代社会中，体育既是一种经济力量，也是一种推动经济发展的动力。显然，体育本身不是生产力，不能产生经济效果，但是它能培养合格的劳动力，提高劳动生产效率，降低伤病率，提高出勤率，从而促进生产力的发展。同时，随着现代体育和社会的不断发展，体育成为一个兴旺的经济行业，如学校体育产业、高校的高水平运动队或俱乐部的商业活动等。当然，学校体育的最根本的经济功能还是在于通过改善和提高未来的劳动力素质来促进国民经济的增长，这实际上是教育的社会功能在学校体育中的体现。

7. 学校体育的文化功能

学校体育的文化功能表现为：学校体育是校园文化的重要内容。学校内部和学校之间开展的多种多样的体育活动，既可以丰富学校文化生活，又可以营造一种健康向上的人文氛围和环境，对学生的成长具有重要意义。学校体育是传播体育文化的重要途径。

第三节 我国教育体制下的大学体育

当前我国普通高等院校的大学体育，通常是以体育课、课余体育活动、校园体育文化等形式，以运动和身体锻炼为基本手段，对大学生的肌体进行科学的培养，在提高他们的生理潜能和心理潜能的过程中，促进大学生的德、智、体、美全面发展的体育教育过程。

一、大学体育的地位与作用

大学体育是我国高等教育事业和体育事业的重要组成部分，是体育教育的最后阶段，也是对受教育者进行终身体育意识和能力培养的重要阶段。

(1)大学体育是我国培养身心健康的高级专业“复合型”人才的需要，是对大学生进行全面素质教育的有效途径之一。通过以体育课为主的各种形式的体育活动，充分利用体育自身的各种功能，对学生进行思想政治、道德观念、意志品质和自身发展等多方面教育，使大学生自身发展与社会发展相适应。

(2)大学体育是国民体育的基础，对大学生自我的身心完善，乃至提高全民族的身体素质水平都有深远的意义。大学生具备良好的身体素质，掌握丰富的体育知识，不仅能满足自身完善的需要，还能满足推动群众体育活动的需要，成为社会体育骨干，为推动我国体育事业的发展起到良好的促进作用。

(3)大学体育是丰富大学生的课余文化生活，建设精神文明的需要。随着社会的发展，大学生在校学习期间，不仅要承受紧张的学习生活的压力，还要承受来自于社会的激烈竞争的压力。因此，需要通过体育活动来创造一种和谐、健康、文明的校园环境，以适应大学生的身心发展。通过直接参与或观摩欣赏各种体育活动，可促进大学生的体质和智力的发展，树立科学的人生观、价值观，培养顽强的意志品质和集体主义精神，增强社会适应能力。

二、大学体育的目的与任务

大学体育是高等教育的重要组成部分，它以培养人才为宗旨，与德育和智育相配合，共同完成高等教育的目标。从我国社会发展的实际出发，根据中共中央、国务院《关于深化教育改革，全面推进素质教育的决定》的要求，大学体育必须着眼于提高整个民族的体质和健康水平，树立健康第一的指导思想，按照大学生的身心特点和教育规律，使大学生身心获得全面发展，使大学生毕业后，在知识经济时代以脑力劳动和知识创新为特点的工作中做出应有的贡献。因此，高校体育的总体目标是：

（1）以育人为宗旨，引导和教育大学生积极、主动地锻炼身体，掌握现代体育科学的基本知识、技能、技术和锻炼身体的方法；

（2）有效增强体质，促进身心和谐发展；

（3）建立正确的体育意识和观念；

（4）提高体育文化素养；

（5）获得独立从事体育锻炼的基本能力；

（6）培养“终身体育”的兴趣和习惯，为自身的全面发展打下良好的基础；

（7）努力创造条件提高少数具有竞技运动才能学生的运动技术水平，为国家培养和输送优秀体育人才。

根据我国现代化建设对当代大学生身心发展的需求，大学生的生理、心理特征以及体育的功能和我国的国情，为了有效地增强大学生的身体素质，达到大学体育的教育目的，大学体育要完成以下任务。

（1）全面锻炼学生身体，增强学生体质，促进其身体正常生长、发育和内脏器官机能的发展，形成健美的体格和良好的姿势；全面发展和提高学生的身体素质和基本活动能力，增强对自然环境的适应能力和对疾病的抵抗能力。

（2）使学生掌握体育和卫生保健的基本知识、基本技术和基本技能，培养学生良好的生活、锻炼和卫生习惯，学会科学地锻炼身体的方法，以适应终身体育的需要。

（3）发展学生的竞技能力，特别是对体育基础较好且有一定运动才能的学生，应进行科学的训练，提高其运动技术水平，为国家培养和输送竞技体育人才。

(4)对学生进行思想品德、意志品质、现代意识和美育教育。学校体育不仅要育体,而且要育心。应培养学生遵纪守法、团结友爱、勇敢顽强、公平竞争、拼搏进取等良好品质,形成文明、健康的体育作风和行为。同时要培养学生的自信心、独立性、创造性和热爱美、鉴赏美、表现美的情感和能力,丰富其精神生活,促进学生身心全面发展。

上述各项任务是有机联系、相互促进、辩证统一的。在学校体育工作中,应当全面贯彻。

三、大学体育的组织形式

《体育法》第18条规定:“学校必须开设体育课,并将体育课列为考核学生学业成绩的科目。”大学体育的组织形式主要是体育课教学、课外体育活动、课余体育训练和运动竞赛,它们是学校体育工作的重要内容。为实现学校体育的目的,大学体育应从实际出发,充分利用各种组织形式,开展各项体育活动。

1. 体育课程

体育课程是大学生以身体练习为主要手段,通过合理的体育与健康教育和科学的体育锻炼过程,达到增强体质、增进健康和提高体育素养的主要目标的公共必修课程,是学校课程体系的重要组成部分,是高等学校体育工作的中心环节。它是寓促进身心和谐发展、思想品德教育、文化科学教育、生活与体育技能教育于身体活动并有机结合的教育过程。教育部颁发的《学校体育工作条例》明确规定:“体育课是学生毕业、升学考试科目。”因此,体育课考试不及格应补考或重修,重修不及格不予毕业,做肄业处理。

自2002年以来,我国大学体育课程是以国家教育部下发的《全国普通高等学校体育课程教学指导纲要》为依据组织实施的。《纲要》规定普通高等学校的一、二年级必须开设体育课程,对二年级以上学生(包括研究生)开设体育选修课。根据学校教育的总体要求和体育课程的自身规律,应面向全体学生开设多种类型的体育课程,可以打破原有的系别、班级建制,重新组合上课,以满足不同层次、不同水平、不同兴趣学生的需要。重视理论与实践相结合,在运动实践教学中注意渗透相关理论知识,并运用多种形式和现代教学手段,安排约10%的理论教学内容(每学期约四学时),

扩大体育的知识面，提高学生的认知能力。对部分身体异常和病、残、弱及个别高龄等特殊群体的学生，开设以康复、保健为主的体育课程。

2. 课外体育活动

课外体育活动是相对于体育课而言的。它是学生利用课余时间参与的，以锻炼身体、愉悦身心为目的的体育活动。它具有规定参与和自愿参与相结合、活动内容的多样性、组织形式的灵活性、空间领域的广阔性、自主选择性等特点。《纲要》中明确指出："为实现体育课程目标，应使课堂教学与课外、校外的体育活动有机结合，学校与社会紧密联系。要把有目的、有计划、有组织的课外体育锻炼、校外（社会、野外）活动、运动训练等纳入体育课程，形成课内外、校内外有机联系的课程结构。"

《纲要》对高等学校开展课外体育活动提出了严格的时间要求，在形式、内容等方面又提供了充分的选择余地，使之能够根据本校的实际情况，开展多种多样的课外体育活动，与体育课相互促进，巩固和提高学习和练习效果，增强体质，增进健康，丰富学生的课余生活，培养和发展学生对体育锻炼的兴趣和独立锻炼的能力。这对形成终身体育观有重要的促进作用。只有对课外体育活动进行科学安排和合理组织，有计划、有步骤地进行，才能形成一个有序运转的完整体系，发挥出更大的作用。课外体育活动在我国高等学校具有良好的传统，一般有早操、课余体育锻炼、体育节、单项体育协会和体育俱乐部等形式。

3. 体育训练和运动竞赛

运动训练是指在教练员指导下或实施自我运动计划的前提下，为全面提高运动员竞技能力和专项运动成绩而专门组织、进行的教育活动或过程。现今，随着我国体育事业的发展和体育管理体制的改革，部分高校开始创办高水平运动队，并招收在某个项目中有优异成绩的体育特长生，这对大学体育中的体育训练、运动竞赛起到了促进和提高的作用。运动训练的主要目的为，在发展竞技能力的基础上，不断提高运动员成绩。它具有运动训练的适应性、承担运动负荷的极限性、运动成绩的表现性等特点。运动竞赛是指竞赛各方以各自独有的制胜系统相互对抗和制约，从而力争获得胜利的过程。它主要具有竞赛目的的综合性、竞赛对抗的激烈性、影响因素的庞杂性与随机性和竞赛结果的不确定性。大学体育竞赛包括学校运动会和校外体育竞赛等,如全国大学生运动会、全国大学生篮球联赛、全国大学生足球联赛、各学校的校际运动会等。运动竞赛的形式多种多样,比较常用的形式有运动会、单项比赛、对抗赛、友谊赛、邀请赛、通讯赛、表演赛、选拔赛、测验赛或达标赛、等级赛或联赛等。

第三章 体育锻炼与健康

第一节 健康概述

健康是伴随人类发展的永恒主题。关于健康，历史上许多伟人、思想家、哲学家、教育家都有过精辟的论述。著名物理学家居里夫人曾说过，“科学的基础是健康的身体。如果失去了健康，那就意味着失去了一切”；英国教育家洛克强调，“若没有健康，就不可能有什么幸福可言”；古希腊著名的哲学家赫拉克利特强调，“如果没有健康，智慧就难以表现，文化无从施展，力量不能战斗，财富变成废物，知识也无法利用”。随着社会的进步和经济的繁荣，人们对生命的意义、生活的价值有了新的理解与追求，对健康的认识进一步深入，从而以极大的热情关注健康问题。

一、健康概念的发展演变

健康是一个动态的理念。人类对健康的需要和认识，健康观念的形成，是随着社会的发展，因所处的时代、环境、条件和生活水平的不同而不断变化、不断更新的。传统观念认为“无病即健康”，这实际上是单纯的生物学角度的健康观。受生物医学模式的影响，人们对健康的概念及其标准的阐述长期以躯体发育良好、功能正常、体质健壮等为尺度，忽视了生命过程中创造物质和精神财富的能力，把健康和疾病机械地视为因果关系，无疑是不全面、不确切的。

1948 年世界卫生组织（WHO）在其宪章中提出了健康的概念：“健康不仅是免于疾病和虚弱，而且是保持身体上、精神上和社会适应方面的完美状态。”这就是“三维”健康观，这一定义改变了以往“健康”仅指无生理异常而免于疾病的单一观念，明确指出了人的生命活动中生理、心理、社会活动等多方面的要求。随着医学、自然科学的发展,社会的进步,文明程度和道德规范标准的提高,1989 年世界卫生组织根据现代社会人的状况,又公布了健康新定义:"健康不仅是指一个人身体有没有出现疾病或虚弱现象,而是指一个人生理上、心理上和社会上的完好状态。"躯体健康指人体生理的健康,如躯体的形态、结构和功能正常,具有生活自理能力;心理健康指能正确认识自己及周围环境的事和物,表现为人格完整、自我感觉良好、情绪稳定、积极向上、有较好的自控能力,保持心理上的平衡;社会适应良好指一个人的心理活动和行为,能适应复杂的环境变化,并为他人理解和接受;道德健康指能明辨是非,能按照社会规范的准则约束自己的言行,能为大众的幸福做出贡献。

自 1948 年提出"三维"健康观至今,人们对健康的认识已拓宽到生理学、心理学和社会学领域。从健康概念的发展演变不难看出,健康观念总是具有与一定时代相适应的特点。健康意味着不断适应变动不定的生物和社会环境。因此,适应现代社会的健康概念并不是一成不变的,而是随着科学技术的发展,特别是分子生物学和基因组医学的发展以及社会环境的改善,还会注入新的内涵。

二、健康五要素

美国学者劳森提出了一个与健康三维观相似的健康定义,认为个体应当在身体、精神、智力、情绪和社交等五个方面都处于健康和完美状态,才能称为真正的健康,这五个方面简称"健康五要素"。

(1)身体健康不仅指无病,而且还包括体能。后者是一种满足生活需要和有足够的能量完成各种活动任务的能力,具备这种能力,就可以预防疾病,增进健康,提高生活质量。

(2)精神健康对于不同宗教、不同文化背景和不同国籍的人意味着不同的内容,主要包括理解生活基本目的的能力以及关心和尊重所有生命体的能力。

(3)智力健康指在长期的学习和生活中,大脑始终保持活跃状态,表现为与朋友讨论问题和阅读报刊书籍,努力学习和勤奋思考等。

(4)情绪涉及人们对自己的感受和对他人的感受。情绪健康的主要标志是情绪的稳定性。所谓情绪稳定性是指个体应对日常生活中人际关系和环境压力的能力。

当然,生活中偶尔情绪高涨或低落均为正常,关键是在生活的大部分时间里要保持情绪稳定。

(5)社交健康指个体与他人及社会环境相互作用时具有和谐的人际关系和实现社会角色的能力,此能力将会使人在交往中有自信和安全感,少生烦恼,心情舒畅。

健康的五个要素相互联系、相互影响。例如,身体不健康会导致情绪不健康;缺乏精神上的健康会引起身体、情绪和智力的不健康等。

在人成长的某一时期,健康的某一要素可能会比另一些要素起更重要的作用,但长久地忽视某一要素可能导致健康的潜在危险。只有各个健康要素都平衡地发展,人才称得上处于完美状态,才能真正健康和幸福地生活,享受美好人生。

三、HELP 哲学观与健康

如何保障当今社会人类的健康生存? HELP 哲学观的提出为当今社会保障人类健康生存提供了理论基础。理解 HELP 理论的内涵有助于人们培养健康的生存方式,并影响其终生。

H 代表健康,即 Health。健康是生命的根本。要使人们认识到健康的重要性,认识到健康的生活习惯是健康肌体的根本保证,只有从根本上理解和认识健康的含义,才能有效地付诸行动,并保持良好的生活习惯。而良好的生活习惯将会有效地促进身心的健康发展,并使肌体具有良好的素质。

E 代表每个人,即 Everyone。具备追求健康的意识很重要,但关键是要使每个人都认识到健康的重要性,进而保证每个人都能有良好的生活习惯,并影响到周围的每一个人;体育运动并非运动员的专利,体育运动不是为了艺术欣赏而出现,体育运动的根本目的是健康。这里强调每个人,最终目的是消除国民的健康差距,促进全民健康。

L 代表一生,即 Lifetime。年轻时人们可能并没有意识到吸烟、酗酒、运动不足等不利健康的行为对肌体危害的严重性。只有到疾病发生时,才意识到这些行为的后果。要使人们认识到不良健康行为具有累积性。从生命的早期就开始重视健康行为,树立终身体育意识,将使人受益终生。健康生活习惯形成的时间越早,持续时间越长,肌体的受益时间就越持久,长期的健康生活习惯甚至还能改变某些疾病的遗传易感性。

P 代表个人,即 Personal 。迄今为止,世上还没有一种能包治百病的灵丹妙药,同样,增强身心健康、提高身体素质也没有单一的行为或运动处方。健康的生活习惯应基于个人需求,每个人都要根据个人的习惯对个人行为做出调整。指导者同样要了解被指导者,做到因人而异,循序渐进。

四、影响健康的因素

20 世纪 40 年代后,西方学者从社会学的角度,运用流行病学的知识和技术,以非生物学的观点探索健康和非健康的内涵,使侧重肌体病理机制的传统医学模式逐渐向影响人类健康的社会变量过渡。对影响健康的因素,德弗提出了影响健康的四大因素,即人类生物学因素、生活方式和行为因素、环境因素、卫生保健因素。可见随着对健康本质的深层次认识,健康概念越来越清晰明了,并逐渐形成了现代的健康观,即健康是生命存在的正常状态,是人类始终期望和追求的目标,是人的第一权利。真正的健康是心理健全和身体强壮的完美结合,是一个人在身心、社会方面的综合反映。

随着现代健康观的确立,人们对影响健康的因素的认识更趋全面和深刻。1976 年美国卫生学家提出影响健康的"因素论",即环境因素、生物因素、生活方式因素和保健服务因素是影响健康的主要方面。

1. 环境因素

环境因素包括社会环境和自然环境构成的因素。社会环境因素包括文化教育、政治、经济等诸多因素。良好的社会环境可促进健康,反之则危害健康或导致疾病。自然环境因素包括水、空气、日光、气候、地理特征、矿物质等因素。良好的自然环境可促进健康,反之则可导致疾病。

2. 生物因素

生物因素包括生理因素和心理因素。生理因素主要为各系统器官的遗传特征及生理功能。心理因素包括人的一般心理活动和个性心理,特别是情感、性格、意志、世界观、兴趣以及适应社会和改善环境的能力。

3. 生活方式因素

生活方式主要指行为方式、生活习惯、生活态度等。良好的生活方式能有效地保障和提高健康水平，而不良生活方式可严重地损害健康。

4. 保健服务因素

保健服务因素包括医疗保健服务、卫生保健服务和自我保健服务。较好的医疗保健设施能及时诊治危害健康的疾病，及时得到卫生保健指导和帮助，可有效地预防疾病的发生、发展，从而促进健康。另外，每个人都应得到自我保健教育，培养自我保健意识和能力。

从以上影响健康的诸多因素中不难看出，现代健康概念已从生物领域扩大到了社会领域，影响健康的因素也扩大到了影响心理健康、社会适应能力等诸多方面。人的健康是多种因素相互作用、相互影响的错综复杂的动态变化结果。

第二节　体育锻炼与身体健康

人体是由诸多系统组成的，体育锻炼需要各个系统之间相互协调、相互支持，因此，体育锻炼可以增强人体各系统之间、人体与外界之间的适应能力。人体各系统协调和适应能力的增强对促进人体健康有积极意义。

一、体育锻炼对神经系统的影响

人体是一个整体，主要由神经系统统一控制，协调全身各器官的活动，包括思维、生理功能和行动。神经系统包括中枢神经系统和周围神经系统。中枢神经系统是全身的指挥中心，处于统帅地位，它由大脑、小脑、脑干和脊髓等组成。周围神经系统包括传入（感觉）神经和传出（运动）神经。经常参加体育锻炼能够改善神经系统的平衡性和灵活性，提高大脑的分析和综合能力。

1. 体育锻炼能改善神经系统的调节作用

人体在运动时，神经系统要调节运动系统来完成准确的动作。动作的完成，主要是各肌肉群协调收缩并作用于骨骼的结果。各肌肉群之间的协调活动都是在神经系统调节下进行的。因此,经常参加体育锻炼能够提高神经系统的分析、综合和控制能力。人体在运动时,身体各部位所处的空间位置以及肌肉收缩的状况每时每刻都在发生变化。这些变化的信息以神经冲动的形式传向中枢,到达大脑皮层的特定感觉区域,产生相应的感觉,并通过中枢神经系统的分析和综合作用,对体内外情况进行判断,控制动作。经常参加运动,反复强化某些刺激信息,能促进人体各种感觉分析能力的提高,使其具有敏锐的肌肉感觉,以保证动作完成得准确、适度。经常参加运动的人,在平时的生活、学习和运动中,动作灵活、敏捷,大脑反应快,身体的适应能力和协调能力得到增强。

2. 体育锻炼可以提高神经过程的灵活性

神经过程的灵活性是指兴奋和抑制两种过程相互转化的难易程度,有灵活和不灵活之分。经常参加体育运动可以使神经细胞的兴奋强度、兴奋抑制转换的灵活性及均衡性都获得提高。

二、体育锻炼对心血管系统的影响

首先,体育运动时,心肌毛细血管每平方毫米增加到 2 500 ~ 3 000 根,在吸氧量增加 2 ~ 3 倍的情况下,冠状动脉血流量增加 40%,达到安静时的 5 ~ 7 倍,极大地改善了心肌的血液供应。可见,供应心肌本身血液的冠状动脉是体育运动对心血管系统影响的主要受益者。我们可以通过自测脉搏检验,坚持体育锻炼对心血管系统的影响。其次,运动导致的心脏细胞的运动性肥大,心动徐缓,每搏输出量增加,有利于心血管系统的健康。一般而言,运动可以使心脏质量增加,体积增大,跳动更加强而有力。一般成人心脏重为 300 克左右,而优秀运动员心脏质量可达 400 ~ 500 克。

生理学家曾对一些 40 ~ 80 岁的坚持长跑锻炼的人做心脏检查,发现由于长跑锻炼的良好效果,这些人的心脏无论大小和功能均类似于不从事体育锻炼的 20 岁左右的年轻人的心脏。一些专家认为,保持运动可使心脏延缓衰老 10 ~ 15 年。体育运动可使心脏运动性心动徐缓。体育运动特别是耐力运动训练可使人安静时的心率减慢。正常人安静时的心率为 60 ~ 100 次/分钟,而一些优秀的耐力运动员安静时的心率最多可降低到 36 ~ 40 次/分钟,大大降低了心脏的工作负担。

三、体育锻炼对呼吸系统的影响

呼吸是人的生命征象之一,因为生命活动每时每刻都离不开氧气。呼吸系统的功能就是维持动脉血管内氧和一氧化碳量的恒定。肺是人体重要的呼吸器官,肺是通过血液循环进行气体交换的。肺的发育不断成熟,表现在肺的体积增大,肺泡增多,呼吸肌的收缩能力增强,呼吸频率减慢,呼吸深度加大,肺活量增大。而评价体育锻炼对呼吸系统影响最简单的方法是测量肺活量。我国成年男子肺活量一般在3 800～4 400毫升,女子一般为2 700～3 100毫升,呼吸频率每分钟约16次。体育锻炼在促进肺的发育、增强呼吸系统功能方面有显著作用。首先,体育锻炼可以增强呼吸肌的力量。在一般情况下,人体的呼吸是下意识的活动。安静状态下,当人体吸气时膈肌收缩而下降,肋间外肌收缩上提肋骨,使胸廓扩大,胸腔内负压增加,空气经呼吸道进入肺。呼气时由于膈肌和肋间外肌放松使肋骨下降,胸廓变小,胸腔内压增加,气体排出体外。安静状态时,人体各部分的活动相对较少,对气体量的要求不高,所以对呼吸肌刺激小,影响不大。但在进行体育运动时,往往要求人在紧张、刺激、高强度或长时间的运动中完成复杂多变的一连串动作,能量消耗大,气体交换量急剧增加,呼吸运动就变成在大脑支配下的有意识的运动,长期锻炼能使呼吸肌在结构上发生良好的适应性变化,如呼吸肌纤维增粗,毛细血管增多,物质代谢能力增强,力量增大。同时许多平时不常用的辅助肌随着运动强度的增加也会参与到呼吸工作中,使整个呼吸肌的力量和耐力都得到极大发展,提高了呼吸系统的功能。其次,体育锻炼促使肺活量增大,呼吸频率改变。人在参加体育锻炼时,由于全身物质代谢的加快,需要吸入大量的氧气来满足肌肉活动的需要,同时产生大量的二氧化碳。这就刺激了呼吸中枢,迫使肺部加深呼吸,加大胸部扩张的幅度,扩大肺部和胸腔的容量。通过这一系列的变化,呼吸道的氧气量增加,肺部气体交换也就更充分,身体利用氧的机会也就越大,肌肉的工作时间相应延长,效率得以提高。此外,体育运动对呼吸系统的疾病有预防和治疗作用。一般人在安静时,由于需氧量不多,只需大约1/20的肺泡张开就足以满足需要,因此肺泡活动量不足,长期不锻炼将使大部分肺泡功能退化。经常参加体育运动,可以使胸部活动性增强,促使大部分肺泡充分张开,不但对肺部弹性的保持及改善十分有益,而且也增强了气体交换与储存氧气的能力,有助于预防肺气肿等疾病的发生。

四、体育锻炼对消化系统的影响

消化系统包括消化道和消化腺两大部分。消化道从口腔、咽、食管、胃、小肠直至大肠，是食物消化、吸收、排泄的通道。消化腺包括唾液腺、肝脏、胰腺以及整个消化管壁内的许多小腺体，它们分泌各种消化液，将食物分解、消化，然后由消化道吸收其中有用成分，排除糟粕。

体育锻炼时，肌肉活动明显加强，需要充足的能量供应，要求消化系统加强活动，分泌更多的消化液，促使胃肠的血液流动，吸收更多的营养物质供肌体利用。所以，在体育运动的影响下，胃肠功能得到了进一步加强和改善。锻炼后，身体消耗了许多能量，迫切需要得到补充，这时人们常常会有饥饿感，食欲明显增加，消化和吸收功能会明显加强。长期坚持锻炼，偏瘦的人体重会逐渐增加，肌肉会逐渐增粗；对于消化不良、胃肠功能紊乱者，也会有积极的效果。

需要引起注意的是，体育运动对消化系统的积极作用，是以科学的锻炼方法为前提的。通常饭前饭后不宜做剧烈运动，这是因为剧烈运动时，由于肌肉需要大量的血液供应，在神经系统的调节支配下，内脏的血液供应相对减少，胃肠随之降低了活动能力，蠕动变慢，消化液分泌减少，食物的消化和吸收过程大大减缓。相反，饭后散步等轻度的肌肉活动则有利于食物的消化和吸收，这是因为轻度的活动加强了胃肠蠕动，促进局部的血液循环和胃肠功能的发挥。所以合理的体育锻炼不但有助于提高消化系统正常工作的效率，保证身体对营养物质的需要，同时还促进了消化功能本身的发展。

五、体育锻炼对运动系统的影响

运动系统主要由骨、软骨、关节和骨骼肌等组成。其主要功能是起支架作用、保护作用和运动作用。骨、软骨、关节、骨骼肌是人体运动器官。骨的质量，关节连接的牢固性、灵活性，肌肉收缩力量的大小和持续时间的长短等，在很大程度上决定了人体的运动能力。体育锻炼使人的肌肉结实丰满，骨骼粗壮厚实，从而直接影响和促进了人体的身高、体重、胸围等形态指标，给人以健壮的感觉，同时运动又消耗了人体多余的脂肪组织，提高了运动的协调性，塑造了良好的身体形态。

体育运动可以促进骨骼的生长和发育，对青少年的作用尤为明显。青少年阶段正处于骨的新陈代谢旺盛时期，合理地参加体育锻炼，能促进骨的生长，使骨骼长长，横径变粗，骨密度增大，骨重量增加。经常锻炼，也能使肌纤维变粗，肌肉横断面积加大，肌肉收缩能力和张力增强，从而可以不断提高肌肉的力量和耐久力。由于锻炼使肌肉体积增大，神经系统对肌肉调节功能改善，运动时参加收缩的肌纤维可达 90%，而一般人最多只有 60%。因此，肌肉收缩的力量强，速度快，弹性好，协调性高，耐力久，耗能少。坚持体育锻炼还能防止肌肉萎缩，加强肌力。腰背肌力加强有助于维持姿势，腹肌力量的加强可以防止内脏下垂。

第三节　体育锻炼与心理健康

长期以来，人们一直认为健康就是指身体好，不得病，只重视生理上的健康而忽略了心理上的健康，其实，人的健康包括生理和心理两个方面。因为人是生理和心理的统一体，身与心的健康是相互影响、相互作用的。据美国某综合医院门诊部对前来就诊的病人不加选择地抽样调查，发现 65% 的病人的疾病与社会逆境有关，35% 的病人在很大程度上是情绪不好而引起的疾病。随着人类精神生活的不断丰富和提高，怎样才能保持心理健康，预防心理疾病，越来越成为人们需要解决的问题。

关于生理健康，这一点大家都很清楚，就是指没有疾病和病征，身体状况良好，有充沛的精神投入学习和工作。那么，怎样才是心理健康呢？

健康不仅仅是生理上没有疾病，而是一个人的心理、精神在社会生活中处于完全安宁的状态。心理不健康的危害很大，因此我们每个人在平时的学习和工作中，要学会预防心理疾病的发生。控制自己的情绪，对于预防心理疾病的发生，是十分重要的。人的一生总会遇到许多困难与挫折，这就要求我们要保持豁达的心胸，相信再大的问题也能迎刃而解，而郁闷最容易造成心理障碍。一个人每时每刻都保持心境的恬静和愉悦是不可能的，从来不忧伤、不生气的人在世界上是罕见的。然而，用理智的力量来控制自己的情绪，用适当的方法转移自己的注意力和调整自己的情绪，这是能做到的。在工作之余多参加一些体育锻炼，也对身心健康大有益处，经常在户外运动而又运动得当的人，总是精力充沛，情绪乐观。

1. 体育锻炼可调节情绪

体育锻炼对心理健康影响的主要因素之一就是情绪，通过体育锻炼可使情绪得到调控。在当今快节奏、高效率、强竞争的时代，在繁忙的工作中抽出时间坚持体育锻炼，可使紧张、焦虑、不安的情绪状态得到改善，心理承受能力得到提高，适应能力得到增强。

2. 体育锻炼能协调人际关系

我国著名心理学教授丁瓒指出，人类的心理适应，主要就是对于人际关系的适应，人际关系是影响人的心理健康的重要因素之一。体育锻炼总在一定的社会环境中进行，它总是与人群发生着交往和联系。人们在运动中能较好地克服孤僻，忘却烦恼和痛苦，有助于协调人际关系，扩大社会交往，提高社会适应能力。

3. 体育锻炼能消除疲劳

体育活动具有缓解紧张情绪的作用。体育活动可以锻炼人们的意志，增加人的心理坚韧性，自觉、积极的体育锻炼能加快疲劳的消除，常说的“疲劳”是一综合性症状，与人的心理和生理因素有关。若活动时情绪消极，会很快产生疲劳；若保持良好的情绪状态和保持中等强度活动量，就能减轻疲劳，且通过体育锻炼能提高诸如最大吸氧量和最大肌肉力量等生理功能，从而减少疲劳的出现。

4. 体育锻炼能治疗心理疾病

大量研究表明，体育锻炼能预防和治疗心理疾病。此外，体育锻炼对于培养勇敢、果断、顽强等意志品质和高尚的道德品质，培养奋发进取、自强不息的精神等都有重大意义，这也是心理健康所必需的。

第四节　健康的生活方式

生活方式是指人们为满足自身(物质和精神)需要而消费生活资料(物质资料和精神资料)的形式的总和以及支配闲暇时间的方式。生活方式同时反映一定时期社会的消费水平和消费质量,反映一定时期人们的精神面貌,是包括个人、家庭、民族和社会生活形式的典型和总体特征,是社会整体结构及其运行状况具体而生动的反映形式。从健康的角度讲,生活方式又可以表现为人们日常生活中的各种行为习惯,包括饮食、工作及生活的作息时间、娱乐、社会活动等。

随着社会的进步,人们的生活条件得到了很大的改善,生活水平显著提高,生活方式也发生了很大的变化。这些变化给人们的生活、居住、社会活动、饮食、卫生带来了很大的方便,同时也带来不良的后果,"文明病"、"亚健康"、"富贵病"等一些由于不良生活方式而引起的疾病随之而生。在世界卫生组织近几年的调查材料中得知,导致全世界死亡人数最多的疾病是恶性肿瘤、脑血管病和心脏病。吸烟、酗酒、生活极其没有规律、缺少必要的身体活动等不合理的生活方式均是造成这些疾病的重要原因。世界卫生组织在20世纪90年代的研究表明,一个人的健康15%取决于遗传,10%取决于社会的稳定程度,8%取决于医疗条件,7%取决于居住的环境和气候,而最主要的影响60%来自于人们自己的生活方式。

生活方式与人们的身体健康息息相关。良好的生活方式给健康带来积极的影响,反之,则带来消极的影响。美国流行病学的调查研究表明,生活方式是影响人们健康的首要原因。不良的生活习惯,比如缺乏运动锻炼、不合理的饮食习惯等,可以使人类生命处于非健康状态,影响生活质量,甚至缩短人类寿命。研究证实,冠心病、高血压病、糖尿病、肥胖、癌症、骨质疏松症等现代社会多发病、常见病的发生,都与缺乏运动锻炼和营养过剩密切相关。年轻时的运动不足会影响生命后期的健康状态和生活质量。一份冠心病危险因子调查问卷显示,成年冠心病患者在其少年时代,20% 患有肥胖症,10% 患有高血脂症并且心肺耐力较差。

从这个角度讲,人类获得健康的一个根本途径就是要养成健康的生活习惯,养成运动锻炼的习惯,终身坚持体育锻炼。提倡加强体育活动已成为当今世界许多国家提高国民健康水平、预防慢性病的一个重要举措。美国疾病控制中心研究指出,如果美国公民不吸烟、不过量饮酒、膳食结构合理并进行经常性锻炼,其寿命有望延长 30 年。也正是在这种背景条件下,各国政府都相继提出了符合时代要求的健康计划,如中国的《全民健身计划纲要》、美国的《2000 年人类健康计划》、加拿大的《健康加拿大计划》和新加坡的《生命在于运动计划》等。各个计划工作重心都从降低未成年人死亡率转移至通过各种途径和手段(如积极开展体育活动)有效地预防疾病与促进健康。

一、不良的生活方式对健康的影响

不良的生活方式主要表现在酗酒、抽烟、吸毒、生活无规律、营养失衡、体育运动不足等不良行为上。行为习惯对人体健康的影响是十分明显的。良好的行为习惯有利于促进身体健康,不良的行为习惯会危害身体的健康。现代生活节奏快、工作负荷高、精神压力大,使人们的行为习惯发生了改变,一些不良的行为习惯已经成为影响人类健康的重要原因。

美国的一项调查表明,所有的癌症死亡病例中有 30% 是由吸烟引起的,吸烟者的肺癌发病率是不吸烟者的 8 ~ 12 倍。此外,不健康的饮食习惯和膳食结构也可能导致癌症。生活条件的改善使高脂肪、高蛋白质、高胆固醇食物的摄入量增加,减少了维生素和粗纤维素的摄入,不重视新鲜蔬菜和水果的营养价值,这种饮食结构是发生肠道癌症,尤其是直肠癌和结肠癌的主要原因。由卫生部、科技部和国家统计局于 2002 年 8 月至 12 月对 31 个省市的 132 个县市的 27 万人进行的"中国居民营养与健康状况调查"结果表明,膳食高能量、高脂肪和体力活动少与超重、肥胖、糖尿病和血脂异常的发生密切相关;高盐饮食与高血压的患病风险密切相关;饮酒与高血压和血脂异常的患病危险密切相关。特别应该指出的是，脂肪摄入量最多而体力活动最少的人，患以上各种慢性病的机会最多。

二、不良的生活方式的分类

不良的生活方式大致可分为如下六类。

(1)与维持正常生理需要偏离的行为，如不健康的饮食行为、乱性、性变态行为；

(2)与正常生理需要没有密切关系的各种消闲行为，如吸烟、酗酒、吸毒及赌博行为等；

(3)对健康忽视的行为，如不讲究日常卫生、缺乏运动、拒绝采取安全措施及拒绝参加必要的健康检查等；

(4)不正确的保健行为，如迷信行为、滥用保健品和治疗药物，其结果导致健康损害；

(5)致病性行为；

(6)蓄意自残和自杀行为，导致对健康和生命的直接损害。

以上行为都是后天获得的，是“自我创造”的而非他人所迫，有些学者将这些行为不良的生活方式称为对健康“自我制造的危险因素”。

三、大学生健康的生活方式

1. 合理安排学习、生活节奏和作息时间

大学生的主要目标是掌握知识技能，为今后的人生打下良好的基础。不少同学为了掌握适应现代社会激烈竞争的本领，经常“披星戴月”地学习，这样固然精神可嘉，但这种违反身体健康规律，以付出自己身体健康为代价去换取学习成绩的做法是错误的；也有一些大学生平时不用功，到考试前不分昼夜地背书，考试结束时头昏脑胀，浑身无力。这些都给以后的身体健康留下隐患。所以，任何把身体健康作为代价去换取暂时的成功、快乐的行为都是不可取的，只有遵循“文武之道，有张有弛”的规律，才能使自己保持长久的身体健康。

2. 积极参加体育活动

世界卫生组织认为，“体育活动对于提高个人的健康和技能以及促进社区的安定具有重要的潜在价值”。我国学者也曾提出“体育生活化”的观点，所谓的体育生活是指:“体育行为形成并融进个体或家庭生活过程,成为生活中不可缺少的日常行为。”体育活动是生活中活跃、上进的一种形式,经常参加体育锻炼对体质健康有良好的促进作用,也是一种减小心理压力、结交朋友很好的手段,因此大学生有必要把体育作为大学学习生活的一部分。

3. 注意平衡膳食和营养

平衡膳食首先要从用餐开始。合理地安排一日三餐对学习生活是很重要的。早餐提供的能量应占全天总能量的25% ~30% ,午餐应占30% ~40% ,晚餐应占30% ~40% ,可根据个人的学习和生活习惯进行适当调整。要天天吃早餐并保证营养充足,午餐要吃好,晚餐要适量。不要暴饮暴食,不要经常在外就餐。零食作为一日三餐之外的营养补充,可以合理选用,但来自零食的能量应计入全天摄入能量之中。大学生中有些人有经常不吃早餐的习惯,这是很不好的生活方式,因为上午消耗的能量占全天总能量的35% ~45% ,如果不吃早餐或少吃早餐,那么上午活动的所需能量就必须靠前一天的晚餐来提供,肌体经过近十个小时的工作,消耗了大量的能量,大脑已没有充分的血糖可利用,身体容易出现饥饿、头晕、胃痛和低血糖等症状,导致注意力不集中,严重影响学习和身体健康。早餐的食物应种类多样、搭配合理。如果早餐中包括了谷物、动物性食物(肉类、蛋)、奶及奶制品、蔬菜和水果等四类食物,则早餐营养充足;如果只包括其中三类,则早餐的营养较充足;如果只包括了其中的两类或少于两类,则早餐的营养不充足。午餐要保证维生素、矿物质和膳食纤维的摄入。晚餐与次日间隔时间过长,所提供能量应能满足晚间活动和夜间睡眠的能量需要。晚餐不要过于丰盛、油腻,否则会加重消化系统的负担,使大脑保持活跃,导致失眠、多梦等。如果晚饭到睡觉之间的时间间隔在5 ~6 小时或者更长,期间要适量吃些食物,以免营养摄入不足,影响学习效率。

4. 不吸烟、不饮酒

烟雾中的有害物质有600 多种,已确定的致癌物质便达40 多种。吸烟者与不吸烟者相比患肺癌的危险高8 ~12 倍,患喉癌的危险高8 倍,患食管癌的危险高6 倍,患膀胱癌的危险高4 倍,患冠心病的危险高10 倍。吸烟还损害支气管黏膜,易导致慢性支气管炎、肺气肿。另外,吸烟更加危害被动吸烟者的健康。被动吸烟的人比没有被动吸烟者患癌的危险增加 1 倍。

饮酒容易伤肝，易引发肝硬化、脂肪肝，同时还损害脑功能，易引起老年痴呆。特别是每天都要喝酒的人，患老年痴呆的概率比普通人要高得多。饮酒后毛细血管扩张，散热增加，抵抗力下降，易引起酒后感冒和肺炎。饮酒后还会造成头晕、头痛、注意力涣散、情绪不稳、记忆力减退等，从而影响大学生的身体健康和学习成绩。

以下是部分健康的和不健康的生活方式。

健康的生活方式如下：

(1)按时作息，保证有足够的睡眠；

(2)一日三餐有规律，每餐特别是早餐有保证；

(3)基本不吃零食；

(4)保持正常体重；

(5)经常进行体育锻炼；

(6)体育锻炼方式科学，目的明确，时间合理；

(7)不吸烟；

(8)不饮酒或者很少喝酒；

(9)性格开朗、知足常乐、乐于助人、有自己的爱好；

(10)人际关系良好，家庭生活和谐幸福；

(11)时刻注意不做有损其他人身体健康的事情。

不健康的生活方式如下：

(1)作息时间紊乱，经常睡眠不足；

(2)三餐无规律，经常不吃早餐，经常暴饮暴食，经常吃零食；

(3)因不良的生活方式造成体重超标或不足；

(4)不进行或者很少进行体育锻炼；

(5)锻炼方式不适合自己，强度时间安排不合适；

(6)吸烟；

(7)经常喝酒而且常常喝得过量；

(8)性格孤僻、自私,欲望要求过多,或者对任何事情都无兴趣;

(9)人际关系存在问题,影响生活的幸福;

(10)几乎从不注意他人身体健康的事情。

第四章　体质的测量与评价

第一节　体 质 概 述

一、体质的定义

1981 年中国体育科学学会体质研究分会将体质定义为：体质（physical fitness and health）是人体的质量，它是在遗传性和获得性的基础上表现出来的人体形态结构、生理功能和心理因素等综合的、相对稳定的特征。“体质”所包含的范畴，应从以下几个方面综合衡量：

（1）身体的发育水平，包括体格、体形、体姿、营养状况和身体成分等方面；

（2）身体的功能水平，包括肌体的新陈代谢状况和各器官、系统的效能等；

（3）身体素质和运动能力水平，包括速度、耐力、力量、灵敏性、柔韧性、协调性及走、跑、跳、投、攀爬等身体的基本运动能力；

（4）心理发育水平，包括智力、情感、行为、感知觉、个性、性格、意志等方面；

（5）适应能力，包括对自然环境、社会环境、各种生活紧张事件的适应能力；

（6）对疾病和其他有碍健康的不良应激原的抵抗能力或抗病的能力等。

概括地说，体质应包括体格、体能和适应能力三部分。这一概念说明了体质是多维和多层次的，是受先天和后天因素的影响，身体和心理两方面发展的结果。遗传是个体体质形成的重要因素，为其发展提供了可能性。但是，个体的生存、发展和变化与内外环境（包括自然与社会）有十分密切的联系并受其制约，所以体质的发展与强弱在很大程度上取决于后天环境。能动地塑造个体所处的自然条件、生态平衡、物质生活条件、劳动和教育状况、体育锻炼等都会对个体的肌体和质量产生直接或间接的作用。因此,不同群体及个体的体质状况存在很大差异,从而表现出不同的体质水平。

二、影响体质的主要因素

(一)遗传

遗传是人体身心发育和发展的先天条件,对体质的强弱产生十分重要的影响。研究表明,人体的形态结构、神经类型、有氧代谢能力和最大摄氧量等,都在很大程度上取决于遗传因素。身体素质和运动能力与遗传也有密切的关系。据报道,形态受遗传因素的影响占75% ,人体的有氧代谢能力和最大摄氧量有75% ~95% 是受遗传因素的影响(引自《实用体育生理》)。但是,遗传对体质的影响,只是提供了可能性,而体质强弱的现实性,则有赖于后天的环境条件、营养和体育锻炼等。

(二)环境

自然环境和社会环境是人类赖以生存的基本条件。例如,自然环境、社会制度、经济及卫生保健制度等,对人体的生长发育、健康水平都有直接影响。

1. 自然环境

自然环境不断变化的过程,就是肌体的各种生理功能、形态不断改善适应的过程。不同的自然环境对人类体质均有不同的影响。国际生物学发展规划理事会对高原人群适应性的研究结果表明,地区的环境因素造成人群的遗传性有明显差异。

2. 社会环境

在社会环境这个总体中包括物质生活水平和营养状况、文化教育和医疗卫生条件等。长期的营养低下或营养不良都会导致体质水平下降,合理的营养是有效地保证和增强体质的关键。

(三)体育锻炼

大量研究成果表明,有目的、有计划、科学地进行体育锻炼,对人体体质的发育发展将产生积极的影响。通过科学的身体锻炼,可使体质得到增强,疾病减少,工作效率提高以至延年益寿。据研究报道,健身跑时的供氧比静坐时多8 ~12 倍,锻炼者的有氧代谢能力比没有锻炼的人高37% ,最大摄氧量可以提高33% 。体育锻炼能增强人体运动系统的功能,一般人的肌肉重量只占体重的40%左右,而经常系统锻炼的人肌肉重量可达体重的45%~50%。

三、体质与健康的关系

体质与健康有密切的关系。一方面,体质是健康的前提和基础。失去了良好的体质,健康就是无源之水,无本之木,一个人要想拥有健康,首先必须有良好的体质;另一方面,健康是良好体质的归宿和最终目标。我们通过多种手段增强体质,最终是为了增进健康,享受生活。

从体质与健康的外延来看,健康包含着体质,体质只是健康的一个方面。增强体质与增进健康具有一致性,增强体质最终是为了增进健康,增进健康是人们的最终目标。体质与健康呈现出一定的相关性,但两者并非线性关系。体质的状况在一定程度上能反映出健康水平,如果一个人有良好的体质,就表示他有良好健康的可能性,或者说,他可能会有较高的健康水平。因为较高的健康水平是建立在良好的体质基础上的,但有良好的体质却未必就有健康,健康与体质并不成正相关。另外,健康与否也能在一定程度上反映出体质的强弱。但应注意的是,同是健康的人,其体质可能千差万别;体质差不多的人,其健康状况也可能大相径庭。

总之,体质与健康之间既有联系又有区别,既有共性的特征,又有个体的差异。

第二节 《国家学生体质健康标准》

一、我国学生体质健康评价制度的演变和发展

新中国成立60多年来,党和国家一直非常关心和重视大学生的身体健康,在不同时期先后制定了《准备劳动与卫国体育制度暂行条例和项目标准》(简称为《劳卫制》)《国家体育锻炼标准》《大学生体育合格标准》《中学生体育合格标准》《小学生体育合格标准》及《初中毕业升学体育考试办法》等一系列制度,并于2002年开始在全国试行《学生体质健康标准》。这些制度的制定和实施,对增强学生体质,促进

我国学校体育工作发展具有积极作用。

《劳卫制》是于1954年由当时的中华全国体育总会筹备委员会制定的，是新中国成立后的第一个国民体育基本制度，目的在于使国民体育运动广泛、经常地开展，使国民成为健壮、勇敢、坚毅和乐观的祖国建设者和保卫者。同时还颁布了与本制度相关的试行项目标准和测验规则，测试项目分为必测和选测两种，包括了力量、速度、灵敏和耐力等诸多身体素质的测试项目。由于从1961年以后连续三年严重的经济困难，其间暂停了《劳卫制》。1964年国家经济好转，各地许多青少年积极要求恢复《劳卫制》的锻炼和检验。

同年国家体委在全国体育工作会议上，将《劳卫制》改为《青少年体育锻炼标准》，但仍使用《劳卫制》锻炼项目和测验标准，只取消了不属于青少年年龄组的组别。这是我国学校体育掀起的第一次体质教育的高潮，体质测试内容集中在达标项目上。这期间，学校体育教育的指导思想就是增强体质。

由于1966年开始的"文化大革命"，《青少年体育锻炼标准》被迫停止施行，给我国的学校体育、学生的体质健康带来了一定的影响。

1974年，国家体委印发了《关于下达中华人民共和国〈体育锻炼标准条例〉(草案)的通知》，经过一年的试行，国务院于1975年4月11日印发了国务院批转国家体委《关于在全国施行〈国家体育锻炼标准〉的请示报告》。

1977年12月，国务院批准颁发《国家体育锻炼标准》证书、证章。《国家体育锻炼标准施行办法》是于1989年12月9日由国务院批准发布的行政法规，在《中华人民共和国体育法》和《学校体育工作条例》等法律、法规中都明确规定学校必须实施《国家体育锻炼标准》。"标准"先后于1956、1958、1975、1982、1988、1990年进行了六次修改，对于提高国民身体素质，加强学校体育工作起到了很大的促进作用。这不仅在推动群众性体育活动和增强广大青少年学生体质等方面发挥了十分积极的作用，对学校体育法规的不断完善，逐渐走上法制化，改善和提高学校体育工作水平，也起着十分重要的作用。

1990年10月，国家教委正式发布了教体(1990)015号文件，对全国高校实施《大学生体育合格标准》做了全面部署。从此《大学生体育合格标准》的实施工作就分层次地在全国高校逐渐展开。

1992 年 7 月，国家教委对《大学生体育合格标准》进行了部分修订，它从大学生身体形态、身体机能、身体素质、体育课成绩、课外体育锻炼等方面综合评定学生的体育成绩，与学位制度、学业奖励直接挂钩，是学生接受体育教育的个体评价标准。进入 21 世纪，随着社会生活节奏的加快，升学压力、社会竞争的加剧，睡眠不足、精神紧张也已成为影响学生健康的不可忽视的因素；生活水平的普遍改善，热量、脂肪等摄入过多及食物营养结构的不尽合理，加之营养科学知识的宣传普及滞后，更加导致了学生肥胖的发生。为了解决这些社会问题，适应形势的发展和人们对健康的迫切需要以及对生活质量的不断追求，中央提出了“学校教育要树立健康第一的指导思想，切实加强体育工作”的指导方针，明确了学校体育工作的方向。为了推进素质教育，顺应新形势下学校体育教育的转轨，教育部、国家体育总局于 2002 年 7 月 25 日颁布了《学生体质健康标准》，并于 2004 年在各级各类学校全面推广。《学生体质健康标准》的颁布与实施不仅是个人健康的需要，也是社会发展的需要，更是全面提高国民素质，振兴中华民族的需要。

针对《学生体质健康标准》试行五年来的实际情况和调研中所发现的问题，对《学生体质健康标准》进行了修订和完善，并定名为《国家学生体质健康标准》，于 2007 年正式颁布实施。《国家学生体质健康标准》的内涵是测量学生体质健康状况和锻炼效果的评价标准，是国家对不同年龄段学生体质健康方面的基本要求，是学生体质健康的个体评价标准。该标准涵盖的是与学校体育密切相关的学生身体健康范畴。为了界定其内涵，又避免与三维的健康概念相混淆，故将“体质”作为“健康”的定语以缩小其内涵。

二、《国家学生体质健康标准》说明与评价标准

1. 说明

(1)为贯彻落实健康第一的指导思想，切实加强学校体育工作，促进学生积极参加体育锻炼，养成良好的锻炼习惯，提高体质健康水平，特制定本标准。

(2)本标准是《国家体育锻炼标准》的有机组成部分，是《国家体育锻炼标准》在学校的具体实施，是国家对学生体质健康方面的基本要求，适用于全日制小学、初中、

普通高中、中等职业学校和普通高等学校的在校学生。

(3)本标准从身体形态、身体机能、身体素质和运动能力等方面综合评定学生的体质健康水平，是促进学生体质健康发展、激励学生积极进行身体锻炼的教育手段，是学生体质健康的个体评价标准。

(4)本标准将测试对象划分为以下组别：小学一、二年级为一组，三、四年级为一组，五、六年级为一组，初、高中每年级各为一组，大学为一组。

小学一、二年级组和三、四年级组测试项目分为三类，身高、体重为必测项目，其他两类测试项目各选测一项。小学五、六年级组，初、高中各组，大学组测试项目均为五类，身高、体重、肺活量为必测项目，其他三类测试项目各选测一项。

选测项目每年由地（市）级教育行政部门、高等学校在测试前两个月确定并公布。选测项目原则上每年不得重复。

(5)学校每学年对学生进行一次本标准的测试，本标准的测试方法按《国家学生体质健康标准解读》（人民教育出版社出版）中的有关要求进行。

(6)本标准评价指标的得分之和为本标准的最后得分，满分为 100 分。根据最后得分评定等级：90 分及以上为优秀，75 ~ 89 分为良好，60 ~ 74 分为及格，59 分及以下为不及格。学生体质健康标准成绩每学年评定一次，按评定等级记入《国家学生体质健康标准登记卡》。学生毕业时体质健康标准的成绩和等级，按毕业当年得分和其他学年平均得分各占 50% 进行评定。因病或残疾免予执行本标准的学生，填写《免予执行〈国家学生体质健康标准〉申请表》。

(7)本标准由教育部负责解释。

2.《国家学生体质健康标准》评价指标与分值

组别	评价指标（测试项目）	分值	备注
小学一、二年级	身高标准体重	20	必测
	坐位体前屈、投沙包	40	选测一项
	50 米跑（25 米 ×2 往返跑）、立定跳远、跳绳、踢毽子	40	选测一项
小学三、四年级	身高标准体重	20	必测
	坐位体前屈、掷实心球、仰卧起坐	40	选测一项
	50 米跑（25 米 ×2 往返跑）、立定跳远、跳绳	40	选测一项

续表

组别	评价指标(测试项目)	分值	备注
小学五、六年级	身高标准体重	10	必测
	肺活量体重指数	20	必测
	400 米跑(50 米×8 往返跑)、台阶试验	30	选测一项
	坐位体前屈、掷实心球、仰卧起坐、握力体重指数	20	选测一项
	50 米跑(25 米×2 往返跑)、立定跳远、跳绳、篮球运球、足球颠球、排球垫球	20	选测一项
初中、高中、大学各年级	身高标准体重	10	必测
	肺活量体重指数	20	必测
	1 000 米跑(男)、800 米跑(女)、台阶试验	30	选测一项
	坐位体前屈、掷实心球、仰卧起坐(女)、引体向上(男)、握力体重指数	20	选测一项
	50 米跑、立定跳远、跳绳、篮球运球、足球运球、排球垫球	20	选测一项

注:身高标准体重测试项目为身高、体重,肺活量体重指数测试项目为肺活量,握力体重指数测试项目为握力。

第三节 《国家学生体质健康标准》部分项目测试方法

一、篮球运球

1. 场地设置

测试场地长 20 米,宽 7 米,设标志杆 10 根(杆高 1.2 米以上)。

2. 测试方法

出发口令发出后开始计时,运球依次过杆,返回到起(终)点线时计时结束。小学、初中学生单手运球,高中以上学生每次过杆时需换手运球。运球过程中球脱手应自行捡回,并在脱手处继续运球,计时不停止。每人可测试两次,以最好的一次记录成绩。

出现以下行为测试成绩无效:抢跑,双手同时运球,膝盖以下身体部位触球,漏绕标志杆,碰倒标志杆,人或球出测试场地,未按要求路线完成。

二、足球颠球

单脚或双脚交替以脚背连续颠球，每触球一次，计数一次，球落地为结束，足球规则中允许的其他部位触球只作为调整不计次数。每人可测试两次，以计数最多的一次记录成绩。

三、足球运球

1. 场地设置

长度 40 米以上的平整场地。测试距离 30 米，起点至第一杆距离为 5 米，各杆间距 5 米，共设 5 根标志杆(杆高 1.2 米以上)，设置如下图。

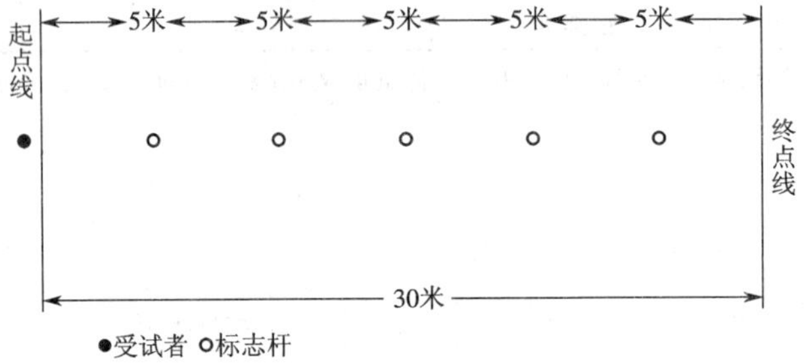

2. 测试方法

出发口令发出后计时，运球依次以 S 形绕 5 根标志杆达到终点线时计时结束。每人可测试两次，以最好的一次记录成绩。

出现以下行为测试成绩无效：抢跑，漏绕标志杆，碰倒标志杆，人或球出测试区域，未按要求路线完成。

四、排球垫球

1. 场地设置

小学五、六年级的测试区域为 2.5 米×2.5 米，初中以上年级测试区域为 3 米×3 米。

垫球高度：小学五、六年级为 2 米；初中男生为 2.24 米，女生为 2 米；高中和大学男生为 2.43 米，女生为 2.24 米。

2. 测试方法

在测试区域内连续正面双手垫球，达到规定高度，每触击球一次，计数一次，球落地为结束。非正面双手垫球方式触球、在测试区域之外触球、垫球高度不足等视为调整,不计次数。每人可测试两次,以计数最多的一次记录成绩。

《国家学生体质健康标准》部分测试项目器材规格

组　别	器　材	规　格
小学一、二年级	沙包	质量:250 克
小学三、四年级	实心球	质量:1 千克
小学五、六年级	实心球	质量:1 千克
	篮　球	小学生篮球(质量:420～480 克; 周长:645～670 毫米)
	足　球	5 号、6 号足球(质量:280～405 克; 周长:540～650 毫米)
	软式排球	质量:180～300 克; 周长:565～665 毫米
初中以上年级	实心球	质量:2 千克

第五章 运动保健

第一节 体育卫生保健常识

体育卫生是指为达到增强体质、增进健康的目的,改善和创造合乎生理要求的体育锻炼条件和环境所应采取的卫生措施和要求。违反体育卫生原则和要求而盲目地进行体育锻炼,不但不能达到良好的锻炼效果,而且会导致各种运动伤病,损害人体健康。

一、运动环境卫生

运动环境是指人们进行体育活动时的外界条件,如空气、水、场地和运动建筑、设备等。运动环境也是人类赖以生存的自然环境的一个部分,因此它也受自然环境的影响。人体在进行体育活动时,体内物质代谢增强,与环境的关系更加密切,受环境的影响就会更大。因此,要获得强身健体、防治疾病的锻炼效果,就必须注意运动环境的卫生。

(一)进行体育活动时应注意空气的卫生状况

空气是人体赖以生存的必不可少的重要环境因素之一。人在生命活动过程中需要吸入足够的氧气。新鲜空气可以振奋精神,消除疲劳,提高学习和工作效率,也能改善睡眠,提高基础代谢。在体育锻炼时,肌体为了满足运动时对氧的需要,呼吸、循环系统的活动相应加强,体内代谢加强,肺通气量增加。如果空气不清新,含灰尘杂质和有害气体较多,不但直接影响空气中氧的含量,使体内氧的补充受到影响,而且,其中夹带的细菌、病毒还容易进入体内,引起呼吸道疾病及其他疾病。因此,体育锻炼时,更要注意在空气新鲜的环境下进行。

(二)气温、湿度的变化与体育锻炼

气温对人体的体温调节和新陈代谢有很大影响。当气温低时,体内产热增加,散热减少;相反,当气温高时,人体内散热增加,产热减少。人体通过这种体温调节机能,保证生理机能正常运转。但人体的生理调节机能是有限的,当人体进行体育活动时,体内产生较多热量,在高温环境下是较难向外散发的,会蓄积在体内而使体温升高。

如果不懂得体育卫生常识,不调节运动负荷,一旦中枢神经的温度升高,就可能引起一系列的机能失调。气温过低也同样会对人体造成损害。低温可使肌肉僵硬,黏滞性提高,容易造成运动损伤。

(三)太阳射线对人体的影响

太阳辐射到地球的射线分为光线、紫外线和红外线三个部分。紫外线的生物作用主要有以下几方面。

(1)促进体内抗体的生成和提高血液的杀菌能力,提高肌体的免疫能力。

(2)可使细菌体内的蛋白质发生光化分解作用而死亡,有很强的灭菌作用。

(3)能使人体皮肤中的7-脱氢胆固醇转变成为维生素D,是人体获得维生素D的主要来源。

(4)使皮肤中的黑色素原转变成黑色素,使皮肤变黑,黑色皮肤能吸收太阳射线,防止其对深层组织的伤害。但过量照射紫外线对肌体也会产生很大伤害,容易引起皮肤发红和红肿,出现红斑;还可引起光照性皮炎、光照性眼炎、头痛、头晕、体温升高和全身机能失调等。

因此,进行室外运动时,要避免强烈日光过度照射,应采取防护措施,如戴遮阳帽和太阳镜、涂抹防晒霜等。

(四)场地

无论在增进健康方面,还是在提高运动成绩方面,身体锻炼的效果很大程度上取决于体育运动场所建筑设备的卫生状况。

(1)露天锻炼的场所应是干燥而平坦的,其光线不为周围建筑物所遮挡,要远离喧嚣的街道以及放出有害气体、烟、灰或发出噪声的工业区；同时还要注意周围不应有任何障碍物，以确保运动时的安全。

(2)室内场馆设施应有良好的通风装置，经常通风换气，保持馆内空气新鲜。地面应是木质或塑胶的，地面平整而坚固。人工照明装置距地面高度，要求：篮球项目应不低于75 米，排球项目应不低于85 米。球场边线至墙壁距离至少应有2 米。

(3)室内外游泳池的卫生设施、水质应符合国家卫生标准与要求。

二、体育锻炼与合理的进餐时间

人体在剧烈运动时体内的血液比较集中于肌肉和皮肤的血管，消化系统的供血量相对减少，消化液分泌减少，消化道蠕动减弱。如进食后立即运动，食物滞留在胃内，由于胃肠道的充盈和横膈膜上顶，会使呼吸受到影响。运动时食物充满胃中并在胃内震荡，会使人感到恶心、腹痛，运动能力下降，甚至中断运动。一般在餐后3～4小时，胃部基本排空。因此，饭后应休息25 分钟再进行激烈运动比较适宜。饮食与运动时间也不宜间隔太长，餐后4～5 小时可能会出现饥饿感或血糖下降，影响人体的运动能力，并增加对蛋白质的消耗。因此，应养成定时进餐的习惯，不暴饮暴食、不酗酒、不吃刺激性大的食物。根据锻炼时间的安排，合理分配一日三餐的食物和热量，特别要重视早餐的质量。运动结束后也不宜立即进餐，更不能立即吃冷的食物和冷饮，因为运动过程中不仅体温升高，而且肌体内大量的血液为肌肉进行供能活动，消化系统处于抑制状态，突然吃进过冷的食物会强烈刺激肠胃，出现腹痛、腹泻、呕吐等。因此，应当在运动后休息30 分钟以上再进食。大运动量训练后应当休息45 分钟以上。

三、体育锻炼与饮水

水是人体的重要组成部分，它参与体内物质代谢、体温调节等生理过程。人体在进行体育活动时，不仅消耗大量热能，同时也丧失大量水分，特别是天热时丧失得更多。只有肌体内的水分保持正常，才能保证身体健康。如果体内的水分丧失过多，就会影响生理机能和工作能力。当失水量占体重的4%～5%时，肌肉工作能力下降20%～30%；当失水量占体重的10%时，则会造成循环衰竭。因此，应及时补充体内丧失的水分。但是，在剧烈运动中或运动后，不应一次饮水过多，因为大量的水摄入人体，短时间内不能完全被吸收到血液中，过多的水会积聚在肠胃内，使胃沉重、闷胀，同时加大了心脏的负担，使人感到很不舒服，甚至会引起呕吐。所以，在运动中和运动后不宜立即大量饮水，最好在平时饮食中注意保持足够的水分，在锻炼时尽量不喝或少喝水。有时虽然感到口渴，但那并不是真正缺水，而是由于剧烈运动时张口喘气导致口腔、咽喉等呼吸道以及食道上部黏膜上的水分散失变得干燥所致，可以漱口以解除渴感。在排汗多的情况下应配制一些淡盐水饮用，以补充失去的盐分。此外，锻炼中或锻炼后不宜喝凉水，更不要立即喝冷冻饮料，因为冷刺激会对胃产生强烈刺激，造成胃痉挛和消化不良。

四、体育锻炼与洗浴

体育锻炼后洗澡不仅可以除去身体的大量汗液和污垢，保持清洁，还能使神经系统的兴奋性降低。因为运动后大脑皮质仍处于兴奋状态，为了向外散热，体表血管扩张，血液循环加快，此时洗澡可改善肌肤和组织的营养状况，降低肌肉紧张，消除疲劳，提高睡眠质量。洗澡的水温不宜过高，时间也不宜过长。水温以(35 ±2)℃ 为最适宜，一般时间为 10 ~15 分钟，最长不要超过 20 分钟。不宜洗冷水澡，如果用冷水洗澡，皮肤肌肉的毛细血管遇冷收缩，会使血液很快流向心脏，增加心脏负担，可能出现心悸、气短和头晕现象，不利于疲劳的消除，并可能引起感冒等疾病。

五、女子月经期的体育锻炼

月经是女子的正常生理现象，月经期间人体一般不出现明显的生理机能变化。因此，月经正常的女子在月经期间，可以参加适当的体育活动，如做广播操、打乒乓球、打羽毛球或打排球等活动。通过这些活动，不仅可以改善盆腔的血液循环，减轻盆腔的充血现象，而且运动时腹肌与骨盆底肌肉的收缩与放松活动对子宫所起的柔和的按摩作用还有助于经血的排出。此外，丰富多彩的体育活动还可以调节大脑皮质的兴奋和抑制过程，从而减轻全身的不适反应。

月经期进行体育锻炼时应注意以下四点。

(1)由于一般人在月经期间身体的反应能力、适应能力和肌肉力量会有所降低，神经调节的准确性及灵活性也有所下降。因此，月经期间的运动负荷要适当减少，活动时间不宜过长；一般不宜参加比赛，因为比赛时活动强度较大，精神过于紧张，身体及神经系统都不能适应，易导致卵巢功能失调引起经血过多或月经紊乱。对于月经初潮的少女，由于其性腺内分泌周期尚不稳定，运动负荷的掌握更要慎重，不宜过大，要循序渐进，逐步养成经期锻炼的习惯。

(2)月经期间除应注意经期一般卫生外还不宜游泳。因为经期子宫内膜脱落后，子宫内形成较大的创面，子宫颈口略为开大，阴道内酸度降低，宫腔与阴道口位置对直，此时，人体全身与局部对病菌侵袭的抵抗力下降，游泳时病菌可能侵入内生殖器官进而引起炎症。此外，月经期间也应避免寒冷刺激，特别是下腹部不应受凉，以免发生痛经、闭经或月经淋漓不净。

(3)月经期间，应避免做剧烈的、大强度的或震动大的跑跳动作（如疾跑、跨跳、跳高、跳远等）以及使腔内压明显增高的屏气和静力性动作（如推铅球、后倒成桥、收腹、倒立、俯卧撑等），以免子宫受到过大的震动或由于腹内压增高而使子宫受压、受推，造成经血过多或引起子宫位置改变。

(4)月经紊乱（经量过多、过少或经期不准）以及痛经（经期下腹部疼痛）和患有内生殖器炎症的女生，月经期间应暂停体育活动。

六、感冒时能否体育锻炼

感冒是一种四季病，尤以春夏之交和秋冬之交最易发病，症状有鼻塞、流清鼻涕、嗓子痛、头痛发热、全身酸痛，进一步发展可出现咳嗽、高烧不退，严重时可并发肺炎或发生其他病变。因此，患了感冒不要认为是头疼脑热的一点小事，出不了大问题。一般此时不宜继续进行正常锻炼，而应该尽快积极进行治疗。在锻炼安排上，如有感冒症状但并无明显不舒服时，可在症状消失几天后参加正常锻炼；如有明显无力、肌肉疼痛和淋巴结肿大时，应在病愈后再进行正常锻炼。

第二节 运动中常见的生理反应与防治

一、极点和第二次呼吸

1. 极点

在中长跑时，能量消耗大，特别是下肢血回流量减少，加剧了大脑氧债的积累，在达到一定程度时，就会出现呼吸急促、胸闷难忍、下肢沉重、动作不协调，甚至有头晕眼花、恶心等现象。这在运动生理学上称为“极点”。

运动中出现“极点”，主要是因为从安静状态突然变为剧烈运动，运动器官迅速地进入工作状态，而内脏器官则因为惰性较大，不能够马上发挥最高机能水平，使由运动而产生的大量一氧化碳和乳酸在体内堆积，一氧化碳不能及时排出体外，乳酸也因缺氧一再合成，以致刺激呼吸中枢和运动中枢，造成肌肉工作能力下降。“极点”出现的早晚与锻炼水平和运动强度有关。锻炼水平高的人，“极点”出现较晚，持续时间短，反应也不十分明显；锻炼水平低或者很少参加运动的人，“极点”出现得早，持续时间也长，而且反应也明显。运动强度大，“极点”出现就早；运动强度小或准备活动做得很充分，相对而言“极点”出现就晚。

2. 第二次呼吸

当“极点”出现后，情绪要保持稳定，并适当减速慢跑，加深呼吸，同时要有信心坚持下去，上述生理现象将会逐步缓解与消失。这是由于一方面氧供给逐步得到增加，另一方面肌体的适应性使肌体功能重新得到改善，从而运动能力提高，动作重新变得协调有力，标志着“极点”已经有所克服，生理过程出现新的平衡。此种现象被运动生理学称为“第二次呼吸”。

二、肌肉酸痛

有的人在参加体育锻炼以后，感到两条大腿根部和小腿肚又酸又胀，严重时一动就痛。这是因为人在运动时肌肉产生的一种酸性物质——乳酸在起作用。在剧烈运动时,由于肌肉内的血液供应不足,肌肉在运动中的能量物质(如肌糖原等)在氧气供应不足的情况下,除能分解产生一部分能量供肌肉收缩外,还可产生大量的乳酸留在肌肉中。如果经常参加体育锻炼,呼吸、循环器官的机能协调得比较好,氧气供应充分,肌肉中的乳酸就会重新合成肌糖原;如果氧气供应不足,乳酸不能及时排出或氧化掉,积累在肌肉中的乳酸在达到一定程度后,就会产生刺激神经肌肉的作用,同时,还促使水分向肌纤维内渗入,使肌肉膨胀,产生酸痛的感觉,尤其是活动较多的部位比较明显。但经过休息后,血液循环得到改善,氧气供应补足,堆积的乳酸慢慢被重新处理掉,酸痛就会自行消失。

当肌肉出现酸痛现象时,可采取以下方法缓解或消除酸痛。

(1)热敷:用热毛巾在肌肉感到酸痛的部位进行热敷或按摩,也可用松节油或药酒揉擦,以使局部血液循环加快,使缺氧状态得以改善,有助于缓解肌肉疲劳和酸痛。

(2)伸展练习:可对酸痛部位进行静力牵张练习,保持伸展动作 2 分钟,休息 1 分钟。做时不要用力过猛,反复进行。坚持每天多做这种伸展练习,有助于减轻酸痛感。

(3)刚开始参加体育锻炼时,运动量应小些,循序渐进,逐步加大。运动前做好准备活动,运动后做好肌肉放松活动,以避免或减轻肌肉酸痛。

(4)按摩:帮助肌肉放松,促进血液循环,有助于肌肉痉挛的缓解。

(5)口服维生素 C 有缓解和减轻肌肉酸痛的作用。

(6)针灸、电疗等对缓解和消除肌肉酸痛也有很好的效果。

三、运动性腹痛

运动性腹痛大多是指在运动过程中或运动结束时产生的腹部疼痛。运动性腹痛是一种胃肠道的功能性障碍,一般不伴随特异性症状。腹痛多数发生在右上腹部,呈钝痛或胀痛,有的伴随左上腹部或下腹部疼痛。疼痛程度与运动速度的加快和强度的加大密切相关,并与外界环境(寒冷、炎热、高原等)有一定关系。运动性腹痛在中长跑、马拉松跑、竞走和自行车运动中发生率较高,随着运动的调整或停止,腹痛症状可逐步缓解并消失。当疼痛难忍时应停止运动。运动性腹痛应与因腹内或腹外疾病所致的腹痛进行鉴别诊断。其主要发病机理有以下几种。

1. 胃肠痉挛

饭后过早参加运动、运动前吃得过饱、喝水或冷饮过多、空腹锻炼引起胃酸或冷空气对胃的刺激等都可以引起胃痉挛，运动前吃了容易产生气体或不易消化的食物等也可引起肠痉挛。胃肠痉挛可使胃壁、肠壁等处的神经受到牵扯，胃肠道肌肉发生挛缩而产生疼痛，疼痛的性质为钝痛、胀痛和阵发性绞痛。

2. 肝脾瘀血

肝脾瘀血可能是由于准备活动不充分，开始运动时强度较大，以致内脏器官的功能还没有提高到应有水平就承担过大的负荷，特别是心血管系统还未充分动员或心肌力量较差时，心脏搏动无力，影响了静脉血回心，致使下腔静脉压上升，肝脾静脉回流受阻，引起肝脾瘀血肿胀，牵扯肝脾被膜的神经，产生肝脾区疼痛，多为胀痛和牵扯痛。

3. 呼吸肌痉挛

运动时呼吸缺乏节奏，以致呼吸急促、表浅，会使呼吸肌收缩过于频繁而引起疲劳，致使呼吸肌痉挛。另外，准备活动不够，运动负荷增加过快，心肺功能跟不上肌肉工作的需要，致使呼吸肌缺氧，也会加剧腹痛的产生。疼痛性质多为锐痛，与呼吸活动有关，患者往往不敢做深呼吸。

4. 腹部疾患

肝炎、胆管疾病（胆囊炎、胆石症等）、阑尾炎、肠道寄生虫等患者参加剧烈运动时可使病变部位受到刺激而产生腹痛。

运动中出现腹痛时，应适当减速慢跑，加深呼吸，调整呼吸与动作节奏，用手按压疼痛部位或弯腰慢跑一段距离，疼痛常可减轻或消失。如果疼痛仍不减轻，甚至反而加重，应立即停止运动。

为了预防运动性腹痛的发生，应合理安排运动时间，参加剧烈运动和比赛时要做好充分的准备活动，不要吃得过饱或饮水过多，饭后休息 15 分钟至两小时才可进行体育运动。运动中注意呼吸的方法和节律，患有各种慢性疾病者病愈之前需在医生和体育教师指导下循序渐进地进行锻炼。

四、肌肉痉挛

肌肉痉挛俗称抽筋，是肌肉不自主的强直收缩。运动中最易发生痉挛的肌肉为小腿腓肠肌，其次是足底的屈拇肌和屈趾肌。肌肉痉挛多发生于游泳、足球、举重、长跑等运动项目。其主要发病机理有以下几种。

1. 肌肉收缩失调

在运动中，由于肌肉连续过快地收缩，放松不足，使肌肉收缩与放松的协调交替关系被破坏，而导致肌肉痉挛。

2. 电解质丢失过多

进行剧烈运动时，尤其是在高温环境下，由于大量排汗，易使体内电解质大量丢失，造成体内电解质的平衡紊乱，引起肌肉神经的兴奋性增高而发生肌肉痉挛。

3. 寒冷刺激

在寒冷的环境或剧烈运动中，由于没有做准备活动或准备活动不充分，身体受到寒冷刺激，肌肉会不由自主地突然性强直收缩而引起肌肉痉挛。

4. 运动性肌肉损伤

发生运动性肌肉损伤后，由于肌细胞内钙离子的增加，使肌纤维收缩丧失控制，产生无效性收缩，从而引起肌肉痉挛。

肌肉痉挛症状为局部肌肉坚硬或隆起，疼痛难忍，所涉及的关节屈伸功能受限。痉挛缓解后，局部仍有酸痛不适感。当肌肉痉挛时，可以采用牵引痉挛肌肉的方法。例如，腓肠肌痉挛时，让患者呈坐位或仰卧，伸直膝关节，牵引者双手握住患足并抵于牵引者的腹部，利用牵引者躯干前倾的适度力量，将患足缓慢地拉伸。牵引时切忌用力过猛，以免造成肌肉拉伤。为了预防肌肉痉挛的发生，应加强体育锻炼，提高身体对寒冷的适应能力。运动前做好准备活动，对易发生肌肉痉挛的部位要进行按摩。冬季运动时，要注意保暖；夏季运动出汗多时，要注意及时补充水、盐和维生素 B1。游泳下水前，应先用冷水淋浴，水温较低时游泳时间不宜过长，身体感觉疲劳、饥饿或心情欠佳时不要参加剧烈运动。

五、运动性昏厥

在运动中，由于脑部突然供血不足而发生的一时性知觉丧失现象，叫做运动性昏厥。昏厥常见情况有以下几种。

1. 重力性休克

疾跑后突然停止而引起的昏厥称为重力性休克，常见于短跑、中长跑、自行车和竞走等项目。运动时，因下肢的毛细血管大量扩张，参加循环的血流量比安静时增加30倍。如果突然停止运动，下肢肌肉对毛细血管及静脉的挤压作用消失，造成大量的血液在下肢瘀滞而不能流回心脏，心输出量也减少，可能导致脑部突然缺血而发生昏厥。

2. 胸内压和肺内压增加

如举重时，运动员憋气用力举起杠铃时可出现胸腔及肺内压力增加，因而妨碍血液回流，回心血量减少，心输出量也减少，造成脑贫血而引起昏厥。

3. 精神过分紧张

比赛前运动员过分紧张以及看见别人受伤出血而受惊吓、恐慌等都可能引起昏厥。这是由于神经反射使血管紧张性降低，大量毛细血管扩张，血压下降而导致脑部供血不足产生晕厥。

4. 直立性血压过低

长时间站立不动或久蹲后突然起立，都可引起晕厥。这是由于植物性神经功能失调，引起处于直立位时血压显著降低，造成脑部供血不足而产生晕厥。

此外，受损伤后的剧烈疼痛、低血糖症等均可引起晕厥。

发生昏厥后应让患者平卧，足部略抬高，头部稍低，松开衣领，这样可增加脑血流量；注意保暖，防止受凉。针刺或掐点人中、百会、合谷、涌泉穴，一般能使患者很快恢复知觉。如有呕吐时，应将患者头偏向一侧，以便呼吸道畅通。在知觉恢复之前，不能喝任何饮料或服药。患者清醒后可服用热糖水和维生素 C 及维生素 B1 等，并注意休息。轻度患者，由同伴搀扶慢走，并进行深呼吸，即可消除症状。重症患者，经临场处理后，应即刻送医院治疗。

预防昏厥的关键是平时要加强体育锻炼，增强体质，提高健康水平。疾跑后不要立即站立不动，而应继续慢跑并调整呼吸，然后再停下来；有的人疾跑后感到很虚弱，应让别人扶着走一段路以免昏倒；久蹲后不要骤然起立，应慢慢起立；饥饿或空腹时不要参加剧烈运动;进行运动后要休息半小时再洗澡。同时建议吃好早餐,避免低血糖发生。

六、低血糖症

正常人在空腹时血糖浓度一般维持在 70 ~ 110 毫克/分升,当血糖浓度低于 70 毫克/分升时,可认为是血糖过低。轻者会出现饥饿、疲劳、头晕、心悸、脸色苍白、出冷汗等症状。重者可出现神志不清、四肢发抖、精神错乱等症状,甚至昏迷。患者脉搏快而弱,血压有明显变化,如昏倒前升高而昏倒后降低,呼吸短促,瞳孔扩大。若检查,则血糖明显降低(70 毫克/分升以下)。此病多发生于长时间剧烈运动中或结束后。这是因为,在剧烈的运动后,体内血糖大量消耗和减少,通过神经中枢的调节仍不能恢复正常血糖的水平;其次是运动前饥饿,肝糖原储备不足,不能及时补充血糖的消耗。此外,中枢神经系统调节糖代谢的功能紊乱,胰岛素分泌增加,也是导致低血糖症的诱因。

出现低血糖症时,应使病人平卧、保暖。神志清醒的可饮浓糖水或吃少量食品,一般情况下短时间后症状即可消失。当出现严重低血糖现象(低血糖性休克)时,可针刺或掐点急救穴,并静脉注射 50% 葡萄糖 50 ~ 100 毫升,提高血糖浓度,就可使病情迅速好转。

为避免出现低血糖症,在参加运动前要食用足够的含糖食物,运动中可喝一些含糖饮料。平时没有锻炼基础或有病的人,或者在空腹、饥饿时不要参加长时间的剧烈运动。

七、游泳性中耳炎

游泳性中耳炎是指在游泳时,不洁净的水进入中耳,造成细菌感染而引起的炎症。其主要表现为耳道闭塞,听力下降,局部剧烈疼痛,常有发烧、恶心、呕吐等症状,若鼓膜破裂常有黄色脓液自外耳道流出。中耳炎如不及时治疗,可引起严重的甚至致命的并发症,炎症可能会经中耳骨壁的破坏区、中耳的各种通道和血管、神经途径直接扩散到颅内,引起脑脓肿等严重病症。

患了游泳性中耳炎应卧床休息,多喝开水,吃流质食物,并及时请医生处理。为预防游泳性中耳炎的发生,游泳前应进行体检,游泳时可用橡胶耳塞将耳朵塞好或用蘸有凡士林油的脱脂棉塞紧外耳道，以防止池水进入耳内。当水进入耳朵时，不要用手去抠，应采用同侧单足跳、同侧拉耳朵侧倒头的方法将水倒出；还可采用吸引法，将头偏向有水的耳朵一侧，用手掌紧压在耳朵上，屏住呼吸，然后迅速提起手掌，将水吸出。淋浴时或淋浴后，喷数滴酒精和白醋溶液入耳内，也可使耳朵干燥，有助于杀死微生物。在上呼吸道感染、感冒或患有中耳炎时，不要游泳。

八、中暑

中暑是长时间处在高温环境下或受到烈日曝晒而产生的疾病。中暑常发生在夏初，特别是在温度高、通风不良、头部缺乏保护、被烈日直接照射的情况下。进行长时间体育锻炼，由于身体疲劳、失水、缺盐，对热适应能力差，致使体温调节功能出现障碍，易发生中暑。其发病机理有以下几种类型。

1. 热痉挛

运动时因出汗过多，引起人体大量电解质丢失，使肌肉神经的兴奋性过高，导致肌肉痉挛。主要表现为四肢无力，肌肉痉挛和疼痛。

2. 热衰竭

在炎热的季节里进行大强度运动或劳动，由于大量排汗而没有及时补充水分，导致脱水、失钠、血液浓缩及黏稠度增高。加上血管扩张，使回心血量减少，引起循环衰竭。主要表现为发病急、头晕、头痛、呕吐、大量出汗、面色苍白、血压下降、体温正常或稍低、身体虚弱、脱水明显、意识模糊或昏厥。

3. 热射病

头部直接受太阳辐射引起的热射病也称日射病。

这是长时间在高温环境下运动，肌体体温调节出现障碍，散热困难，引起体内热量积蓄过多所致。主要症状为头晕、头痛、呕吐、体温升高，重者发生昏迷，体温可达40～42 ℃，脉搏极快，呼吸短促，严重者可因心力衰竭或呼吸衰竭而致死。

中暑时，应迅速使患者脱离热环境，移至阴凉通风处休息，让病人平卧，解开衣扣，并给以清凉饮料或人丹、藿香正气水等解暑药物。还应根据不同病情分别处理，对热痉挛患者，除服用含盐清凉饮料外，还应牵引痉挛肌肉；对热衰竭患者，重点补充生理盐水或葡萄糖生理盐水，同时做四肢重推按摩等；对热射病患者，用冷敷、冷水淋浴、冰袋、50% 酒精擦身等措施紧急降温。若症状较重或发生昏迷，应迅速送医院抢救。对日射病患者，重点应是进行头部有效降温，如让患者仰卧，垫高头部，额部做冷敷，或以 50% 酒精擦身。

为避免出现中暑，在高温炎热的夏天进行锻炼，要逐步提高肌体的耐热能力，每锻炼一小时左右，应到阴凉处休息 5～10 分钟，适当减小运动量，缩短运动时间，避免在烈日下长时间锻炼，及时补充清凉消暑及低糖含盐饮料。在室外运动应戴遮阳帽，着浅色、宽敞、通气性能良好的运动服。在室内锻炼时，应有良好的通风，馆内人数不宜过多。

九、溺水

溺水是人全身淹没在水中，水通过呼吸进入肺内，造成呼吸道阻塞引起窒息。窒息后会出现脸色苍白、眼睛充血、口鼻充满泡沫、四肢冰冷、神志不清等症状。溺水后呼吸、心跳已停止称为溺死，呼吸已停止心跳未停称近乎溺死。

遇到溺水时的处理方法为，把溺水者从水中救出后，立即清除口腔和鼻腔的异物，保持呼吸通畅，并进行倒水。将患者腹部横放在抢救者屈膝的大腿上，头向下，用手按压背部，使胃内和呼吸道的水排出。倒水后，再次清理口腔、鼻腔内异物，对呼吸、心跳停止者立即进行人工呼吸并及时送往医院进行治疗。

因此，游泳前要了解自身健康状况，进行体检。身体过于疲劳或过于激动者不宜游泳。游泳应选择安全的场所，不应在设有“禁止游泳”警示牌的区域内游泳。游泳场所内应配备有经验的救生员和足够的救生用具。游泳时最好结伴，彼此相互照应。若是团体活动，入水前先清点人数，上岸后亦同，在岸上应留一两人做警戒，以保安全。

第三节　常见运动损伤的预防与处理

人在体育运动过程中发生的损伤，称为运动损伤。运动损伤在体育锻炼过程中是经常发生的，它会影响人们正常的学习、工作和生活。了解运动损伤的原因和特点，掌握一定的预防措施和处理方法，可指导我们安全地进行体育锻炼，最大限度地避免或减少运动损伤的发生。当一般性的运动损伤发生时，正确的处理可以减少痛苦及并发症，使身体早日康复。对于严重的损伤，及时、正确的临时性处理，可以为送往医院做进一步治疗创造条件。

一、运动损伤的预防

但凡在运动中都有可能发生运动损伤。减少损伤的发生，避免伤害事故，保证教学和课外锻炼的正常进行，首要任务是做好预防工作。大学体育课和课外活动中，运动损伤以急性损伤为主，在这些急性损伤中又以关节扭伤、肌肉拉伤、挫伤、擦伤为多见。下面介绍几点预防运动损伤的原则和要求。

(1)加强运动安全和体育保健学知识的教育，克服麻痹思想，提高预防损伤的意识。

(2)科学制订训练计划，全面加强身体锻炼，合理安排运动量和运动强度，防止局部肌肉过度疲劳。

(3)充分做好准备活动，对可能发生运动损伤的部位要及时做好预防措施。准备活动的内容和活动量应根据教学内容及个体情况和不同气候条件而定。准备活动要充分和具有针对性，做到一般性与专门性相结合。

(4)加强小肌肉群的训练。人们往往注重大肌肉群的练习而忽视了关节和小肌肉群的力量发展，时间久了会造成两者发展失调，关节周围和小肌肉群等处不断发生损伤。因此，加强小肌肉群的训练是有必要的，应根据专项特点和易伤部位有针对性地进行练习。

(5)加强保护和提高自我保护意识。在体育教学中，除了教师注意保护以外，还可以发动学生互相保护，同时加强学生的自我保护意识。如摔倒时，应立即屈肘低头、团身滚动，切不可直臂撑地或肘部撑地。由高处跳下时，两臂自然张开，前脚掌着地，同时屈膝、弯腰，以利缓冲和保持身体平衡。

(6)加强医务监督和场地设施的管理。体育锻炼者应定期进行体格检查，禁止带病和身体检查不合格者参加锻炼。要经常严格地对体育场地设施进行检查和管理，及时维修与保养，禁止穿不符合规定的服装、鞋袜进行体育锻炼。

二、常见运动损伤的处理

根据伤后皮肤、黏膜是否有创面和外界相通，运动损伤可分为开放性损伤与闭合性损伤两大类。开放性损伤为伤后皮肤、黏膜的完整性遭到破坏，受伤组织有裂口与体表相通，如擦伤、刺伤、切伤、撕裂伤及开放性骨折等。闭合性损伤为伤后皮肤、黏膜仍保持完整，受伤组织无裂口与体表相通，如挫伤、关节韧带扭伤、肌肉拉伤、闭合性骨折等。

（一）开放性损伤的处理方法

1. 擦伤

擦伤是皮肤受到外力摩擦，皮肤组织被擦破出血或有组织液渗出。对于创口较浅、面积较小的擦伤，可用生理盐水洗净创口。创口周围用75%的酒精消毒，无须包扎，让其暴露在空气中待干后即可。创口中若有煤渣儿、细砂等异物，要用生理盐水冲洗干净，然后用凡士林纱条覆盖创口并包扎。若创口较深，污染较重，应注射破伤风抗毒血清，并给以抗生素治疗。

2. 撕裂伤

在剧烈、紧张运动或突然受到强烈撞击时，以头面部皮肤撕裂伤最为多见。如篮球运动中，眉骨被对方肘部碰撞而引起眉际皮肤撕裂等。轻度开放伤创口较小，经消毒处理后，用创可贴粘合即可。若创口较大，则需止血和缝合伤口。若伤情和污染较重，应注射破伤风抗毒血清，并给以抗生素治疗。

另外，在体育运动中还可能发生许多开放性损伤，如被鞋钉扎伤、被标枪刺伤、被物体击伤等，处理方法与上面相同。

（二）闭合性损伤的处理方法

1. 挫伤

挫伤是钝性外力直接作用于身体某部而引起的闭合性损伤。运动时相互碰撞，或身体某部位碰撞到器械上，都可使身体的某部位发生挫伤。单纯挫伤（即无并发症）在损伤处出现红肿、皮下出血、压痛、功能障碍等。严重挫伤且有并发症时，则可出现全身症状或特殊体征，如头部挫伤合并脑震荡时、胸腹部挫伤合并内脏器官损伤时，可有休克症状。肌肉挫伤时，轻者局部会出现红、肿、热、痛和功能障碍，严重者可使深层肌肉和骨表面都发生损伤。如肌肉损伤后不及时治疗，损伤后期会出现骨化性肌炎，严重影响肌肉的功能。

出现挫伤后，应在24小时内冷敷或加压包扎，抬高患者肢体或外敷中药。24小时后，可按摩或理疗。如果怀疑其他组织器官受损伤，则做临时性处理后，及时送到医院检查和治疗。

2. 肌肉拉伤

肌肉拉伤是指在运动中通常在外力直接或间接作用下，使肌肉过度主动收缩或被动拉长时引起肌肉损伤。当准备活动不充分，肌肉的弹性、柔韧性、力量差；疲劳或负荷过度，协调性下降；技术动作不正确或用力过猛以及出现气候不好、场地不良等情况时，都可能导致肌肉拉伤。拉伤后，患处肿胀、疼痛、肌肉痉挛，手摸时有硬块，严重拉伤时会出现肌肉撕裂。对于轻度拉伤者可马上冷敷，局部加压包扎，抬高患肢，24小时后可施行按摩或理疗；如拉伤比较严重或完全断裂，在加压包扎、固定患肢后，立即送医院进行手术治疗。

3. 踝关节扭伤

踝关节扭伤是由于运动中身体重心失去平衡，踝关节落地时过度内翻或外翻所致。在场地条件差、准备活动不充分的情况下，更易受伤。其主要症状为伤处疼痛、肿胀，韧带损伤处有明显压痛，皮下瘀血。受伤后应立即冷敷，用绷带固定包扎，并抬高伤肢，24小时后根据伤情进行综合治疗，如外敷伤药、理疗、按摩等，必要时采取封闭疗法。待病情有所好转后，再施行功能性练习。对病情严重的患者，可用石膏固定。

4. 急性腰扭伤

在运动中由于身体重心不稳或动作不协调，易引起腰部损伤，多数是由于腰部受力超过了承受能力，或脊柱运动时受力超过了正常生理范围。急性腰扭伤包括腰背的筋膜、肌肉、韧带和椎间关节等软组织的损伤，是体育运动中的常见损伤。症状轻者，受伤时常无疼痛感，运动结束后或次日晨间起床时才感到疼痛。症状重者，伤后立即感到疼痛。有的在受伤瞬间感到像“断了腰”似的，或听到响声，疼痛也较剧烈。

腰部出现急性扭伤后，应让患者平卧，一般不应立即扶动。如果疼痛难忍，则用担架抬送医院治疗。针灸、封闭、外贴膏药和按摩等方法都可选用，其中按摩对腰扭伤，尤其是骶髂关节及小关节扭伤有较好的治疗效果。处理后，应卧硬板床或腰后垫一枕头，使肌肉韧带处于放松状态。

5. 关节脱位(脱臼)

关节脱位是指在运动中因受外力作用，使关节面失去正常的连接关系，又称脱臼。关节脱位可分为完全脱位和半脱位(或称错位)两种。关节脱位后，常出现畸形，会产生局部疼痛、压痛和关节肿胀，并失去正常的活动能力，甚至发生肌肉痉挛等现象。

脱臼时，应用长度和宽度相称的夹板固定伤肢。如没有夹板，可将肢体固定在自己的躯干或健肢上，防止震动，随后及时送往医院。如果没有把握做整复处理，切不可随意进行整复手术，以免增加伤害。

6. 脑震荡

脑震荡是脑损伤中最轻而又较多见的一种，是指头部受到外力打击后，神经细胞和神经纤维受到普遍震荡后引起的意识和功能的暂时性障碍，不久即可恢复，多无明显的解剖病理改变。在体育锻炼时，两人头部相撞或头部撞击硬物，或从高处跃下时头部撞地，都可造成脑震荡。受伤时，患者神志不清，脉搏徐缓，肌肉松弛，瞳孔稍大但能对称，神经反射减弱或消失；清醒后，患者不能回忆起受伤时的情况及受伤的经过，但对受伤以前的事情能清楚地回忆。脑震荡常有头痛、头晕、恶心、呕吐感、情绪急躁、易激动、不耐烦、注意力不集中、耳鸣、心悸、多汗、失眠、记忆力减退等症状出现。脑震荡后，应立即让伤者安静平卧，头部冷敷，身上保暖。若有昏迷可指掐人中穴、内关穴、足里穴等；若呼吸发生障碍，应立即进行人工呼吸。进行上述处理后，若出现反复昏迷或耳鼻口出血、瞳孔放大又不对称症状，表明病情严重，应立即送医院治疗。在去医院途中，要让伤者平卧，头部固定，避免颠簸振动。对意识不清者，要注意呼吸道的畅通，可使伤员侧卧，密切观察病情的变化。对无严重征象、短时间意识丧失后很快恢复的病人，应让其卧床休息到头痛、头晕等症状完全消失，不可过早地参加体育活动和过多的脑力劳动。

7. 运动后小腿胫膝骨疼痛

许多刚开始参加训练的运动员或体育爱好者，在运动后往往会出现小腿前部骨表面疼痛的症状，有不少人认为这是正常现象，过几天会自然消失。事实上，有相当一部分人的疼痛症状很长时间都不能消失，并且会越来越严重。这是因为运动负荷过大或地面过硬以及腿着地动作的不正确，使骨膜受到刺激引起骨膜松弛或分离、骨膜充血、肿胀、骨膜下出血，甚至出现局部骨质脱钙或断裂，导致病理性改变。如果长期骨膜疼痛，并反复承受刺激，会引起胫膝骨疲劳性骨膜炎，这时表现为局部疼痛（运动时明显，平时较轻）、肿胀、压痛、局部灼热感、着地后蹬痛，甚至会发生骨质增生。如出现上述症状后不及时调整运动负荷，严重的可导致疲劳性骨折。对早期的疲劳性骨膜炎应及时调整运动负荷和强度，锻炼时用弹力绷带将小腿做螺旋形包扎处理，症状就可以很快消失。对于小腿疼痛时间长，调整后效果不明显者，应考虑发生疲劳性骨折的可能。

8. 骨折

运动中身体某部位受到直接或间接的暴力撞击时，可使骨的完整性受到破坏造成骨折。骨折可分为闭合性骨折与开放性骨折两种。前者皮肤完整，容易治疗；后者皮肤破裂，骨折端与外界相通，容易发生感染，较难治疗。骨折后患处出现肿胀，疼痛难忍，肢体失去正常功能，肌肉可能产生痉挛，骨折部位可发生变形，严重骨折会伴有出血和神经损伤、发烧，乃至发生休克等症状。

骨折时，应先用夹板、绷带把折断部位固定，包扎起来，使伤部不能活动。如有休克，应先防止休克，注意保暖，止血止痛，然后包扎固定，送医院治疗。

三、常用简易急救技术

（一）出血和止血

1. 出血的种类

根据出血的部位，出血可分为外出血和内出血两种。血液从体表伤口流出，称为外出血，易为人们发现；而体内深部组织、内脏损伤出血，血液流入组织或体腔内的内出血，不易为人们发现，更为危险。

按照受损伤血管的不同，出血可分为以下几种。

(1)动脉出血,其特点是伤口呈喷射状搏动性向外涌出鲜红色的血液。

(2)静脉出血,伤口持续向外溢出暗红色的血液。

(3)毛细血管出血,伤口向外渗出鲜红色的血液。

各种出血中,以动脉出血最为危险,必须及时止血。

2. 出血的临床表现

成人的血液约占其体重的8%,总血量可达4 000 ~5 000 毫升。失血总量达到总血量的20% 以上时,伤员会出现脸色苍白、冷汗淋漓、手脚发凉、呼吸急促、心悸气短等症状,脉搏快而微弱,血压下降,继而出现出血性休克。当出血量达到总血量的40% 时,就有生命危险。

3. 止血的方法

(1)加压包扎止血法。用消毒纱布或干净的毛巾、布块折叠成比伤口稍大的垫盖住伤口,再用绷带或折成条状的布带或角巾紧紧包扎,其松紧度以能达到止血目的为宜。此种止血方法,多用于静脉出血和毛细血管出血。加压包扎止血法适用于上下肢、肘、膝等部位的动脉出血,但有骨折或可疑骨折或关节脱位时,不宜使用此法。

(2)指压止血法。指压止血法是一种简单有效的临时性动脉止血方法,它是根据动脉的走向,在出血伤口的近心端,用手指压住动脉处,达到临时止血的目的。因指压法的维持时间不长,在用指压法止血的同时,应尽快采取其他方法止血。

(3)止血带止血法。止血带止血法是快速有效的止血方法,但它只适用于不能用加压止血法的四肢大动脉出血。方法是用橡皮管或布条缠绕伤口上方肌肉多的部位,其松紧度以摸不到远端动脉的搏动,伤口刚好止血为宜,过松无止血作用,过紧会影响血液循环,易损伤神经,造成肢体坏死。上止血带的伤员,必须在明显的部位标明上止血带的部位和时间;上止血带的时间超过两个小时,要每隔一个小时放松一次,每次 8 分钟,为避免放松止血带时大量出血,放松期间可改用指压法临时止血。

(4)对内出血或可疑内出血的伤员,应让伤员绝对安静不动,垫高下肢,有条件的可先输液,同时迅速将伤员送到距离最近的医院进行救治。

（二）骨折临时急救固定

骨折急救处置时应在受伤现场和运送途中采取一系列临时性的应急医疗措施，目的在于抢救生命、保护患肢、防止组织再损伤和再污染，使伤者能安全而又迅速地到达就近医院，以便获得进一步的妥善治疗。对怀疑有骨折的伤员均应按骨折进行急救处置。一切动作要求谨慎、稳妥和轻柔。

1. 上肢骨折

肱骨骨折时，用一块长短合适的夹板放在伤臂的外侧，再用两条绷带将骨折处的上下部绑好，然后用小悬臂带将前臂挂在胸前，不要托肘，最后用绷带把上臂固定于胸廓；前臂骨折时，用两块长短合适的夹板，放在前臂的掌侧和背侧，再用两条绷带固定，然后用大悬臂带挂起；手部骨折时，让伤者手握纱布团、棉花团或绷带卷，然后用夹板和绷带固定手及前臂，最后用悬臂带吊起。

2. 下肢骨折

股骨骨折时，用两块夹板分别放在伤肢的外侧和内侧，外侧夹板从体侧的腋下至足部，内侧夹板从腹股沟扎至足部，放好后用 5 ~ 8 条绷带固定夹板，在外侧作结；髌骨骨折时，让伤者取半卧位，同伴双手托着伤者大腿，急救者缓慢地将其小腿伸直，在腿后放一夹板，其长度从大腿至足跟，夹板与伤肢之间垫上软物，然后用绷带于膝上、膝下和踝部固定；小腿骨折时，用两块夹板，一块在外侧，从大腿中部扎至足部，另一块在内侧，从腹股沟至足部，然后用 4 ~ 5 条绷带分段固定；足部骨折时，将鞋脱去，在小腿后面放一直角形夹板，用棉垫垫好，然后用绷带固定膝下、踝上及足部。

3. 脊柱骨折

脊柱的中央有椎管，椎管容纳着脊髓。脊髓上连大脑，下连各种感受器官及肌肉等，传递各种信息给大脑，又将大脑发布的各种“命令”传递到外周，因而脊髓有着重要的功能。在发生完全或不完全脊柱骨折损伤时，均应在现场做好固定并采取最快方式送往医院，在护送途中还应严密观察。

胸腰脊柱骨折时，应使伤者平卧在硬板床上，两下肢靠拢，两上肢贴于腰侧，并保持伤者的体位为直线。身体两侧用枕头、砖头、衣物塞紧，固定脊柱为正直位。搬运时需多人同时工作,具体做法是:人都蹲在伤者的一侧,一人托肩背,一人托腰臀,一人托下肢,协同动作,将病人呈仰卧位放在硬板担架上,腰部用衣褥垫起。颈椎骨折时,应由人搬运,其中一人专管头部的牵拉固定,使头部与身体成直线位置不摇动,将伤员仰放在硬板床上,用衣物、枕头挤在头颈两侧,使其固定不乱动。

第六章 体育锻炼

第一节 体育锻炼的原则

体育锻炼是指运用各种身体练习的内容、手段及方法，结合自然力和卫生因素，以发展身体、增强体质、调节精神、丰富文化生活为目的的身体活动过程。科研和实践证明，体育锻炼是促进人体发展的重要手段和方法，是维持、加强生命活动，延缓人体衰老，促进人类进化的有效手段。但是，并不是只要参加体育锻炼，就一定会获得良好的效果。如果锻炼内容、练习强度和练习方法等选择不当，反而会有害于身体健康。科学的体育锻炼原则是体育锻炼过程中客观规律的反映，是人们成功经验的总结和概括，也是人们进行体育锻炼时所必须遵循的准则。

(一)体育锻炼的 FIT 监控原则

FIT 是次数(Frequency)、强度(Intensity)和时间(Time)三个英文单词的缩写。要想取得良好的锻炼效果，必须在体育锻炼中科学地安排好锻炼的次数、强度和时间。

(1)次数，表示每周进行体育锻炼的次数，要想获得良好的体育锻炼效果，每周应进行 3 ~5 次体育锻炼。

(2)强度，锻炼强度常用心率间接表示，目前推荐的锻炼强度范围为自己最大心率的 60% ~80%。最大心率是指人体做极限运动时的心搏频率。要直接测出每个人的最大心率不仅是困难的，而且还具有一定的危险性。最大心率可采用下列公式来估算，即最大心率 =220 - 年龄。

(3)时间,是指每次运动的持续时间。一次有效的锻炼时间是 20～60 分钟,如以最大心率的 80% 强度进行锻炼,仅需 20～30 分钟即可,而以最大心率的 60% 强度进行锻炼,需要 40～60 分钟。

(二)超负荷原则

超负荷原则是指在进行体育锻炼时,身体或特定的肌肉受到的刺激程度强于不锻炼时或已适应的刺激强度。

运用超负荷原则指导体育锻炼最重要的因素就是要从自己体能水平和身体负荷能力的实际出发,恰当地确定锻炼负荷的大小。负荷通常包括负荷量与负荷强度。负荷量一般以练习的次数、时间、距离、重量来表示,负荷强度以练习的速度、负重量、密度来表示。

(三)循序渐进原则

循序渐进原则是超负荷原则的延伸,是指体育锻炼必须遵循人体自然发展、肌体适应的基本规律,从不同的主客观实际出发,合理安排运动负荷,在渐进的基础上提高锻炼水平。在体育锻炼过程中,运动负荷的大小直接影响人体机能的变化,负荷是否适宜,对锻炼效果的好坏起很大的作用。运动负荷的大小因人、因时而异。即便是同一个人,在不同的机能状态、不同的时间,人体对负荷的承受能力也不尽相同。因此,进行体育锻炼时应循序渐进,随时调整运动负荷,逐步提高锻炼水平。要想获得理想的锻炼效果,增加运动负荷不宜太慢或太快。运动负荷增加太慢会限制身体素质的进一步提高,增加太快则可能造成过度疲劳或引发运动损伤,影响正常的学习和生活。体育锻炼对增强体质、促进健康的作用也是循序渐进、逐步提高的。

(四)安全性原则

安全性原则要求在体育锻炼的过程中始终注意保护自己,做到安全第一。其主要内容包括:

(1)在制订或实施锻炼计划前一定要进行体检,如果患有某种疾病或有家族遗传病史,需要找医生咨询,按照医生的建议进行锻炼,不要盲目参加超过自身能力的活动;

(2)在有条件的情况下,进行体质健康测试后,依据测试结果开设运动处方,有目的、有计划地进行科学锻炼；

(3)每次锻炼前必须做好充分的准备活动，克服内脏器官的生理惰性，防止出现运动损伤；

(4)饭后、饥饿或疲劳时应暂缓锻炼，疾病初愈不宜进行较大强度的锻炼；

(5)每次锻炼后，要注意做好整理、放松活动。

(五)适时监控原则

适时监控原则是指在体育锻炼过程中恰当地监控自己的运动强度。可采用测量心率的方法了解和控制体育锻炼过程中的运动强度，准确判断运动强度是需要增大还是减小。触压桡动脉和颈动脉就可以测量心率。测量运动时的心率应在停止运动的 5 秒钟内进行测量，测量 10 秒钟的心率再乘以 6 即可算出运动时 1 分钟的心率。

第二节　体育锻炼的内容与方法

一、体育锻炼的内容

在人们追求身心健康、提高生活质量的社会需要下，体育锻炼内容的多元化发展是不可避免的，凡是具有健身、强心价值的身体活动都可能成为体育锻炼内容。我们所要选择的体育锻炼的方式依赖于其价值大小问题、体育锻炼者的兴趣爱好与环境条件是否适合的问题。体育锻炼内容的选择还受实践条件和体育条件的制约，例如，高尔夫球运动虽然好，但是不可能人人都有机会去打高尔夫球。

体育锻炼的内容很多，根据不同的锻炼目的和要求，主要分为以下几类。

1. 健身运动

健身运动是指能促进身体正常发育，使身体各部分协调发展，增强各器官系统的机能，发展身体素质，提高身体的基本活动能力，为增进健康、增强体质而从事的体育锻炼，如走、跑、跳、投掷、太极拳、游泳、舞蹈、武术、健身操及各种球类活动等。

2. 健美运动

健美运动是指为了人体的健美而进行的体育锻炼。这类内容不仅可以增进健康,还可以培养审美能力和身体的表现能力。近年来,健美运动普及率迅速提高,受到了不同年龄阶段人群的青睐,如举重、哑铃操、技巧、健美操、艺术体操等。

3. 娱乐性体育

娱乐性体育是指为了调节精神、丰富文化生活而进行的体育活动。这类活动能使人身心愉悦,既锻炼了身体,又陶冶了情操,如活动性游戏、体育舞蹈、保龄球、台球、踢毽子、钓鱼、郊游、爬山等。

4. 格斗性体育

格斗性体育是指掌握和运用格斗的攻防技术,强身、健体、自卫的体育活动。这类内容既能强身,又能达到自卫的目的,如擒拿、散手、短兵、拳击、刺杀、射击等。目前,很多高校已经开设了此类课程。

5. 探险运动

探险运动是为了锻炼胆量,探求某方面知识,满足冒险心理和创造奇迹而进行的一种体育活动。探险运动具有一定的危险性。因此,在锻炼中要从实际出发,避免单纯为了探险而脱离自身能力盲目行动。常选用的内容主要有登山、蹦极、攀岩、野外生存等。

在选择探险项目进行锻炼时,一定要有充分的准备,从安全角度出发,量力而行,不得超越自身能力,避免出现伤害事故。

6. 医疗康复体育

医疗康复体育又称体育疗法,是指为了预防和治疗疾病而进行的体育锻炼。其对象是体弱有病者,目的是祛病健身和恢复功能。这类活动一般应在医生指导下进行,主要内容有散步、慢跑、太极拳、气功及各类保健操等。

二、体育锻炼的方法

体育锻炼的方法应根据人体发展的规律,运用各种身体练习和自然因素增强体质,实现锻炼身体的目的。要想获得理想的锻炼效果,就必须按照科学的锻炼方法进行锻炼。

(一)身体练习的基本方法

身体练习的基本方法主要有重复练习法、循环练习法、变换练习法、综合练习法、游戏法等。

1. 重复练习法

重复练习法是指锻炼者在相对固定的条件下，按照计划和要求反复练习同一内容的方法。这种练习方法适宜在掌握动作技术和培养各种身体素质时采用。如发展下肢力量和速度素质时，可采用重复进行 60 米加速跑 4 ~ 6 次，每次跑后间歇 1 ~ 2 分钟，且每次跑的距离和速度不变。

采用重复练习法应注意下列问题：

(1)合理安排重复练习的总次数、每次重复练习的距离或时间、每次重复练习的强度、各次重复练习的间歇时间等；

(2)保证每次重复练习的质量，不能因重复练习的次数多而降低对动作的要求；

(3)为防止重复练习产生枯燥感，应在练习前后或间歇穿插一些有趣、轻松的练习内容。

2. 循环练习法

循环练习法是根据身体锻炼的需要，选择几个不同的练习内容搭配在一起，在一次练习中按照一定顺序依次循环进行练习的方法。这种练习方法，可使各练习内容的作用相互补充，有利于身体素质的全面发展。此外，由于练习内容较多，更能够调动练习者的积极性。

采用循环练习法应注意下列问题：

(1)要根据锻炼的目的确定循环练习的各项内容，练习的内容要兼顾发展身体的不同部位、不同的身体素质，以促进身体的全面发展；

(2)合理确定各练习内容的比例和顺序；

(3)合理安排每项练习之间的间歇时间，确保能顺利过渡到下一项练习。

3. 变换练习法

变换练习法是指改变锻炼内容、强度和环境进行练习的方法，如变换练习的项目、提高或降低运动负荷、调整练习要素、改变练习地点等。这种练习方法可提高中枢神经的灵活性,发展身体的调节能力和适应能力。

采用变换练习法应注意下列问题:

(1)要依据锻炼的目的,有针对性地进行各种变换;

(2)要科学、合理、灵活掌握变换内容,根据身体反应及时调整锻炼方法。

4. 综合练习法

综合练习法是多种练习方法的结合运用,如重复练习法与变换练习法结合运用。综合练习法能有效调节运动负荷,促进身体各部位的全面发展。

采用综合练习法应注意从实际情况出发,合理选择练习手段、练习量和强度、练习间歇及程序。

5. 游戏法

游戏法是指在身体练习过程中,以游戏的方式组织练习的方法。此方法具有竞争性和娱乐性,可充分发挥个人与集体的智慧和创造力。在紧张、活泼和愉悦的气氛中使身心得到锻炼。

采用游戏法进行练习时,应注意场地环境,并按规定和要求组织好练习者进行练习,避免伤害事故发生。

(二)自然力锻炼的方法

自然力锻炼的方法是指人们利用各种自然条件进行健身锻炼的方法。此方法可以提高人体对外界的各种不良气象因素的抵抗能力。自然力锻炼的方法包括冷水浴、日光浴、空气浴等。

1. 冷水浴

冷水浴是一种用冷水进行锻炼的方法。冷水浴能提高肌体对寒冷刺激的适应能力,增加血管的弹性,有利于防治动脉硬化、高血压和冠心病。进行冷水浴锻炼时,由于血液的重新分配和骨髓造血功能的增强,能使血液里的红细胞和血红蛋白增多,从而使人面色红润、精力充沛。同时,此种锻炼能使人的皮肤弹性增加、皱纹消失,具有显著的美容作用。冷水浴还通过加深呼吸、增加膈肌活动幅度、加大肺通气量而增强肺功能。通过促进胃肠蠕动,它能有效改善消化功能;而通过增加热量释放、减少脂肪在皮下堆积,能起到减肥作用。

锻炼要点如下：

(1)冷水浴最适宜的水温是 20 ℃；

(2)冷水浴的方法按作用由弱到强依次为擦身、冲洗、淋浴、游泳等；

(3)一般从冷水擦身开始，适应后再转入较强的方法，并坚持在秋天或冬天继续冷水浴；

(4)开始时锻炼时间宜短，2～3 分钟即可，以后逐渐延长到 10～15 分钟，一般认为不宜超过 15 分钟；

(5)如水温低于 20 ℃，则时间应相应缩短，水温越低，时间应越短。

注意事项如下：

(1)冷水浴应该循序渐进，坚持不懈，才能收到预期的效果；

(2)剧烈活动后不宜马上进行冷水浴；

(3)饭后不宜马上冷水浴；

(4)进行冷水淋浴或游泳前必须做准备活动，应在身体发热后进行，冷水浴后要擦干身体，穿好衣服，注意保暖；

(5)体质虚弱、患有严重器质性疾病、发热者及在酒后、妇女经期不宜进行冷水浴；

(6)进行冷水浴锻炼时，要注意自我感觉和体重等变化，如出现身体不适、体重减轻、失眠或食欲下降等，应暂停冷水浴。

2. 日光浴

使人体皮肤直接曝晒在日光下，按照一定顺序和时间要求进行系统照晒，就叫日光浴。日光浴俗称晒太阳。日光中含有紫外线、红外线和可见光。人体进行日光浴时，在各种光线的照射下，能发生很多对身体有益的生理作用。紫外线不仅能够杀死皮肤表面上的细菌，还能使皮肤增加弹性、光泽度和柔软度，也能刺激血液细胞的新生，改善体内的糖代谢，促进体内维生素 D 的合成，有助于钙的吸收和利用。红外线可以增高皮肤的温度，改善皮肤的血液循环，对皮肤组织生长、关节肿痛的治疗均很有好处。可见光有一定的镇静、止痛、解痉作用。总之，日光浴对改善人体的新陈代谢、增加食欲、改善睡眠、提高肌体的抗病能力等，都有很大的帮助。

锻炼要点如下：

(1)采取坐位或卧位，头部可不照射，戴上草帽或遮阳帽，并戴上墨镜；

(2)阳光太强或太弱都不宜进行，照射时间最好选在上午9—12时，下午4—6时，气温以20 ℃左右为宜，照射时间要从5分钟开始适应，以后逐日慢慢增加，一直增到1~2小时，这要因人因时因地而异，以不出现不良反应为度。

注意事项如下：

(1)刚开始锻炼时，要严格掌握时间，以免因照射过度使皮肤灼伤或引起中暑等严重反应，必须遵守循序渐进的原则，逐步增加照射时间和强度；

(2)日光浴不应在饭前、饭后进行，照射时最好不要阅读，因为在日光下阅读容易损坏眼睛，也不应睡眠，因为睡眠后不能掌握照射时间；

(3)皮肤有炎症者、对日光过敏者、3个月以内的婴儿、妇女在月经期和分娩后一个月内不能进行日光浴；

(4)日光浴的场地应选在空气流动的湖边、海滨、河岸、院庭、阳台或屋顶等，行浴前可在阴凉地方先做几分钟空气浴，照射后可用凉水冲洗全身或游泳；

(5)每次照晒后，应多饮开水或淡盐水，以预防中暑和日射病，在日光浴后几天内如发生全身不适、疲劳、失眠，可能是日光照射的蓄积作用，应暂停几天再继续。

3. 空气浴

空气浴是通过皮肤接触新鲜空气锻炼身体的方法。该法主要是利用空气和皮肤之间的温度差异形成对人体的刺激，使体温调节功能发挥作用，使人体适应外界温度变化，以提高人体机能的活动能力。空气浴分三种：热空气浴(20~30 ℃)、凉空气浴(15~20 ℃)、冷空气浴(4~15 ℃)。空气浴应从温暖季节开始，逐步向寒冷季节过渡。

注意事项如下：

(1)应尽量少穿衣服，选择空气新鲜的地方；

(2)严格控制时间，当身体出现不自主的颤抖时应立即结束空气浴；

(3)在有大风、大雾和寒流时，不要勉强在室外坚持空气浴。

三、简易锻炼方法

1. 步行

步行锻炼法适合于各种人群,它是一种温和的运动方式,也是人们可以坚持并容易保持终身的运动方式。中医认为"走为百练之祖"。人体的五脏六腑无不与脚有关,脚踝以下有 51 个穴位,其中脚掌就有 15 个,所以,脚掌被称为人体的第二个心脏。坚持步行锻炼能促进心血管的健康、培养耐力、消耗脂肪、加强下肢的肌肉力量,并可预防高血压、高血脂、糖尿病及消化系统疾病等的发生。

步行锻炼标准如下:

最慢速度,每分钟 60 ~70 步(每小时 2. 5 ~3 千米);

慢速走,每分钟 70 ~90 步(每小时 3 ~4 千米);

中速走,每分钟 90 ~120 步(每小时 4 ~5 千米);

快速走,每分钟 120 ~140 步(每小时 5. 5 ~6. 5 千米);

最快速度,每分钟 140 步以上(每小时 6. 5 千米以上)。

刚参加锻炼时,可以隔天步行 10 分钟。当身体更强健时,可以步行时间更长些。锻炼 4 ~6 周后,应当能在 20 分钟内走完 1 000 米。

2. 跑步

跑步是一种有关肌肉群反复活动的全身有氧运动。跑步可以促进身体最根本性的器官的健康,增强心、肺、血液循环系统及其耐久力;促进新陈代谢,消耗体内过剩的热量,有助于控制体重;增强神经系统的功能。近二十年来,跑步已成为国内外千百万人参加的群众健身运动,现代健身慢跑风靡世界,被人们誉为有益健康、祛病延年的"有氧代谢运动之王",是深受广大群众欢迎的健身项目。

跑步是一项实用技能,对正在成长的青少年来讲,运用它锻炼身体,是发展速度、耐力、灵巧性、协调性等运动素质,促进运动器官和内脏器官机能的发展,增强体质的有效手段;对成年人来说,对保持良好的心脏功能,防止肺组织弹性衰退,预防肌肉萎缩,防治冠心病、高血压、动脉硬化等,都具有积极的作用;对中老年人来说,是保持精力与体力、延年益寿、强身祛病的好方法;对妇女来说,有助于调节月经,减少妇科疾病。美国妇产科医生香戈介德对参加 1979 年纽约马拉松长跑的 394 名女运动员的月经周期进行了调查,发现26%的月经失调的妇女恢复了正常周期,17%的闭经妇女恢复了月经。这是因为跑步加快了新陈代谢,促进了消化吸收,调节了神经系统功能,改善了内分泌功能。

刚开始跑步时,可先快速步行,在快步走的过程中穿插一些慢跑,并逐渐增加慢跑的时间。如果在慢跑的过程中感到气短,就放慢速度进行步行。这样交替练习,慢慢缩短步行的时间,延长跑步的时间,直到能不停顿地慢跑30分钟。如果每周至少慢跑3次,就能达到理想的效果。

3. 游泳

游泳是21世纪受人欢迎的健身项目之一,它对心血管功能是极好的锻炼,对控制体重、增强肌肉力量及柔韧性也颇有益处。游泳的锻炼价值与跑步非常相似。由于人在水中受到水的阻力和浮力及水温的影响,同样距离的游泳所需的能量是跑步的4倍之多,但心率却处于较低水平,因此是一种更安全的健身方法。不过,游泳对于强壮骨骼和预防骨质疏松,不如步行和跑步有效。

在有氧练习中,应当采用在泳池中来回游的方式,可以选择自由泳、蛙泳、蝶泳或仰泳的姿势。若想在水中连续游上至少20分钟,就需要较好的游泳技术。在水中心脏比在陆地上跳得要慢,所以游泳时心率不是指导运动强度的准确指标。游泳时应当保持稳定的速度,使心脏在离开游泳池时,感到有点儿累,但又不感到筋疲力尽。游泳适合于所有年龄的人。国际奥委会医学委员会专家认为,从保健目标出发,每次一般要在游泳池里连续游20~45分钟,并游相应的距离,对健康是十分有用的。应注意的是,游泳时应达到一定的速度,但又不能过快,泳姿最好采用蛙泳。

4. 跳绳

跳绳基本上是一种原地慢跑,外加双臂甩绳的动作。跳绳是既能锻炼心脏,又能减肥的极佳体育锻炼方法。跳绳花样繁多,可简可繁,随时可做,一学就会,特别适宜在气温较低的季节里作为健身运动,而且对女性尤为适宜。鉴于跳绳对女性的独特保健作用,法国健身专家莫克专门为女性健身者设计了一种“跳绳渐进计划”。初学时,仅在原地跳1分钟,3天后即可连续跳3分钟,3个月后可连续跳上10分钟,半年后每天可实行“系列跳”,如每次连跳3分钟,共5次,直到一次连续跳上半小时。一次跳半小时,就相当于慢跑90分钟的运动量,已是标准的有氧健身运动。

在开始跳绳前一定要做些热身练习,结束后也一定要做些整理活动。为了改善跳绳的单调,可随着音乐跳跃,并变换步法,如双足跳、左右足交替跳或者单足跳。

5. 有氧健身操

有氧健身操是具有"有氧运动"特点的健身操,即在音乐的伴奏下,能够锻炼全身的健身运动。同时这也是一种富有韵律性的运动,通过长时间(15分钟以上)持续的运动,不仅使心肺功能增强,而且还锻炼了大肌肉群。

按照对身体的影响来看,有氧健身操可以分为高冲击有氧操和低冲击有氧操两类。高冲击有氧操多是传统式的健身操,以单脚或双脚的跳跃为主要动作,但因其强度偏大,所以不太适合经常不运动的人以及初学者。低冲击有氧操则是一种包含节奏感,双脚不同时离地的健身操动作的有氧操类型,可减少运动者的受伤概率,较适合初学者和没有基础的人。

按照锻炼的不同效果来看,有氧健身操主要包含下列项目:搏击操、杠铃操、踏板操、传统有氧操、拉丁有氧操、普拉提等。

6. 登楼梯

运动学专家把登楼梯比做"垂直的登山运动"。美国著名的健康学权威肯尼斯·库珀教授认为,登楼梯是有氧运动,有利于锻炼人的肌肉和耐力。登楼梯是一项健身与日常生活相结合的运动,它动作简练,方法可因人而异,速度可快、可慢,可匀速、可变速。这种练习比其他任何练习都方便、易行,尤其是对那些学习任务较重,平时没有多余时间专门进行体育锻炼的大学生来说,无疑是一种最适宜的体育锻炼形式。

据美国《时代》周刊报道,登楼梯已成为美国近年来发展最快的健身运动,大约有400万人参加这项活动,自1988年以来至少增加了40%,其中既有精力充沛的年轻人,也有年迈体弱的中老年人。西班牙《趣味》杂志曾报道,每爬一级楼梯大约能延长寿命5秒钟。美国约翰·霍普金斯大学的各种调查也证明,35~80岁的人如果每天爬833级楼梯(约相当于上下7层楼3次),那么他的寿命就可延长两年半。肯尼斯·库珀的研究结果也表明,一个人如果坚持每天爬5层楼梯,即可使心脏病的发病率比乘电梯的人低25%。

登楼梯的形式多种多样，一般健身主要采用走（爬）、跑、多级跨越和跳等形式，锻炼者可根据自己身体的健康状况和环境条件，选择个人适宜的锻炼方式。

特别提示：锻炼时最好在光线明亮和人较少的场所进行，要注意安全。

四、个人锻炼计划的制订

对于每一个锻炼者来说，应制订一个合理的科学锻炼计划才能有效地提高自己的健康和体能水平。锻炼计划应适合个人的需要，它一般应包括：健康与体能现状、锻炼目标、锻炼模式、措施与要求四部分。

（一）健康与体能现状

在制订锻炼计划前，有必要了解自身的健康与体能状况，以便制订符合自身实际状况的锻炼计划，有的放矢地选择锻炼方法和手段来改善健康和体能的不足之处。

（二）确定锻炼目标

确定锻炼目标是制订锻炼计划的重要环节，目标能促使锻炼者去实施锻炼方案，而达到目标后又能进一步提高其自信心，使其坚持体育锻炼。在设置个人的锻炼目标时，请遵循以下几点建议：

（1）设置目标要有针对性，针对自身健康和体能的薄弱环节设置锻炼目标；

（2）设置的目标必须是现实的，也就是通过努力能达到的锻炼目标；

（3）目标设置应包括短期目标和长期目标，短期目标设置很关键，因为短期目标比较容易实施，目标易实现；

（4）根据总的锻炼目标，还应设置锻炼过程各个阶段的目标，即起始阶段目标、渐进阶段目标、维持阶段目标，从而保证总目标顺利实现。

（三）选择锻炼模式

锻炼模式包括锻炼方式、频率、强度、持续时间等。选择锻炼模式时应注意以下几点：

（1）每一位参加体育锻炼的人都要选择适合于自己的运动项目作为锻炼的方式；

（2）锻炼频率指每周锻炼次数，一般来讲每周应锻炼 3 ~ 5 次；

（3）运动强度是指锻炼时人体承受的生理负荷量，应根据锻炼者自身的健康和体能状况以及所进行的不同运动类型来确定；

(4)锻炼持续时间是指每次锻炼用在主要锻炼内容上的总时间，锻炼持续时间不包括准备活动和整理活动时间。

一般将锻炼过程划分为3个阶段，即起始阶段、渐进阶段、保持阶段。在各个阶段应合理安排锻炼的强度、频率、持续时间。

(四)措施与要求

措施与要求主要是指保证锻炼计划顺利实施的措施和安全告诫。

第三节 提高身体素质的方法

身体素质是指人体在体育活动中所表现的各种机能能力。它是衡量体质状况的一个重要标志。身体素质不仅取决于肌肉本身的解剖、生理特征与生物化学成分，而且也取决于肌肉工作时的能量供给、各组织的物质代谢、内脏器官的配合以及神经系统的调节能力。良好的身体素质是促进生长发育，增进健康以及掌握运动技术，提高运动成绩的基础。

通常所称的身体素质有力量、耐力、速度、灵敏和柔韧等。

一、力量素质

(一)力量素质的概念和分类

力量素质是指身体或身体某部分肌肉工作时克服阻力的能力，也就是肌肉紧张与收缩时所表现出来的一种能力。任何动作的完成都要求有相应的力量，力量素质是速度、灵敏等素质的基础，力量素质的发展和肌肉的发达是一致的，因此发展力量素质对塑造体形、促进血液循环、增强体力有着极为重要的作用。

力量按肌肉收缩的特点可分为静力性力量和动力性力量；按人体表现出的力量与本人体重的关系，可分为绝对力量和相对力量；按其表现形式又可分为最大力量、速度力量和力量耐力等。

（二）提高力量素质的方法

1. 静力性力量的锻炼方法

静力性力量是肌肉做等长收缩时产生的力量，称等长性力量，即肢体不产生明显的移位，而是维持或固定肢体于一定位置或姿态。完成静力性练习时，因工作的肌肉一直处于紧张收缩状态，会影响其血液循环，疲劳出现较早。

静力性力量的锻炼方法有以下三种。

（1）对抗性静力练习。根据发展某部分肌肉力量的需要，确定一定的姿势，身体姿势保持固定不变，用极限的力量对抗固定的物体。

（2）负重静力练习。根据发展某部分肌肉力量的需要，确定一定的姿势，背负一定重量，身体姿势保持固定不变。

（3）慢速静力练习。动作速度很慢，不能借助反弹和惯性力，而是靠肌肉的紧张收缩来完成动作。

2. 动力性力量的锻炼方法

动力性力量是肌肉做等张收缩时所产生的力量，也称等张性力量，即身体产生明显的位移，或推动别的物体产生运动，如投掷、踢球等。

绝对力量、速度力量、力量耐力相应的锻炼方法如下。

（1）绝对力量的锻炼。绝对力量是不考虑体重的因素的最大力量数值；而相对力量，是指每千克体重所表现的力量，即相对力量 = 绝对力量/本人体重。发展绝对力量一般以最大负重量的85% ~100% 进行锻炼，也就是以较少的重复（1 ~3 次），完成最大重量或接近最大重量的练习。

（2）速度力量的锻炼。速度力量又称爆发力，它体现在最短时间内发挥最大力量的能力。速度力量锻炼的特点是适当减少阻力（最大力量的60% ~70%），用最快的速度完成动作，如跳远、立定跳远的弹跳力。

（3）力量耐力的锻炼。力量耐力是指长时间克服阻力的能力。它要求既要克服一定的阻力（约50% 的强度），又能坚持较长时间的练习，以达到一定的疲劳感觉为宜，如俯卧撑、仰卧起坐等。

（三）注意事项

（1）力量练习前要充分做好准备活动。练习后及时放松肌肉，注意培养肌肉放松能力，提高肌肉的弹性。

(2)力量练习以隔天一次为宜。锻炼过程要在适应原来负荷的基础上，逐渐增加负荷，才能不断发展力量。

(3)完成力量练习要注意呼吸。憋气能增大肌肉用力，但对心血管系统会产生不良影响。只在短时间最大用力时才允许憋气。在完成练习前不应做最大吸气，以中度吸气为宜，用力过程中可慢呼吸，以达到憋气的效果。

(4)力量锻炼要先练大肌群，后练小肌群。全身不同部位或不同性质的练习交替进行。

二、耐力素质

(一)耐力素质的概念和分类

耐力是指人体长时间进行肌肉活动的能力，也可看做对抗疲劳的能力。发展耐力素质对提高人的健康水平和增强人的体质有着重要意义。发展耐力素质可以提高中枢神经系统支配有肌体长时间肌肉活动的协调性，提高内脏器官尤其是心血管系统和呼吸系统的机能活动能力以及提高人体的物质能量供给能力。耐力主要取决于人的心肺功能(循环系统和呼吸系统)、下肢抗疲劳的能力和意志品质。

耐力可分为全身耐力和局部肢体耐力两种。在运动训练中是按一般耐力和专项耐力进行分类的。耐力也可分为肌肉耐力和心血管耐力两种。心血管耐力又分为有氧耐力和无氧耐力。

在实践中又把人体在较长时间内保持快速运动的能力称为速度耐力，而把在较长时间内能保持用力的能力称为力量耐力。

(二)提高耐力素质的方法

1. 发展有氧耐力的方法

发展有氧耐力主要是提高心肺功能。运动时间要求在 15 分钟以上(至少为 5 分钟)。锻炼时负荷强度应达到所能承受最大强度的 80% 左右(心率大约在 150 次/分钟)，经常采用持续负荷方法(包括连续负荷法和交替负荷法两种)，如跑步、跳绳、原地跑、球类、自行车、溜冰、划船等。锻炼时应注意逐渐增加运动强度和密度。

2. 发展无氧耐力的方法

发展无氧耐力主要是对短距离后程跑的能力有明显的效果。锻炼时应采用强度大的练习,心率应控制在 160 次/分钟以上。注意应在医务工作人员监督下进行锻炼。

(三)注意事项

1. 注意呼吸问题

呼吸的作用在于摄取发展耐力所必需的氧气。锻炼中随着练习负荷的增加,体内耗氧与供氧的不平衡程度也随之增大。而肌体的摄氧是通过提高呼吸频率和加深呼吸深度两方面来实现的。因此,培养练习中的呼吸能力对提高耐力素质是十分重要的。

2. 无氧耐力练习应以有氧耐力练习为基础

有氧练习使练习者心腔增大,每搏输出量增加,这样可为以后的无氧练习打好基础。如只进行无氧练习,就会使心肌壁加厚,每搏输出量难以提高,将影响全身血液供给,对发展无氧耐力不利。所以,进行无氧练习前或同时应进行有氧练习。

3. 培养坚强的意志品质

坚强者比意志薄弱者的耐力好得多,所以在耐力练习中要对练习者加强意志品质的培养。

4. 注意控制练习者的体重

体重越轻,其最大吸氧量就越大,其耐力素质就越高。因此,在耐力练习中练习者要注意控制体重。

三、速度素质

(一)速度素质的概念和分类

速度素质是人体进行快速运动的能力。速度素质反映了神经系统对肌体运动器官的指挥能力。速度练习可以提高大脑皮层兴奋、抑制过程转换的灵活性和中枢神经系统的协调性,能更快地激发呼吸、循环系统活动的能力。发展速度素质,对于提高大脑皮层的反应能力以改进身体快速指挥和协调能力,使身体更加灵活,做动作更加迅速,具有重要的作用。

速度素质分为反应速度、动作速度和移动速度三种。

(二)提高速度素质的方法

1. 发展反应速度的方法

反应速度反映了对外界刺激反应的快慢。在反应速度的练习上应让学生集中注意力,听准信号,信号发出后用最快的速度做出相应的反应动作。利用信号让练习者做出相应反应是常用方法。

2. 发展动作速度的方法

动作速度反映了完成某一动作的快慢。减小练习难度法(顺风跑、下坡跑等)、加大难度法(跳高前的负重跳等)和时限法(按一定节拍或跟随别人较快的节奏等,以改变自己的动作节奏或速度)是常用的发展动作速度的方法。

3. 发展移动速度的方法

移动速度是指单位时间内位移的距离。发展移动速度的方法有最大速度跑(短距离重复跑、接力赛跑等)、加快动作频率(跳高前的负重跳)和发展下肢爆发力量(单脚跳、负重跳)。

(三)注意事项

(1)结合练习者所从事的运动专项进行速度素质的练习。

(2)各种速度素质练习,都应在体力充沛、精神饱满的情况下进行,否则不能收到良好的锻炼效果,而且还易发生伤害事故。

(3)进行速度素质练习时以大强度无氧代谢为主的活动需以有氧代谢练习为基础。

四、灵敏素质

(一)灵敏素质的概念

灵敏素质是指在各种突发变化的条件下,人体能快速、准确、协调、灵活地反应过来,并迅速地适应变换情况完成动作的能力。灵敏素质是一种较复杂的素质,它既与神经的灵敏性反应有关,又与力量、速度、协调性等素质有密切关系,因此也可以说它是一项综合性素质。灵敏素质的提高能更好地发挥力量、速度和耐力的潜在能力,对我们的日常生活和学习都有很大的帮助。

(二)提高灵敏素质的方法

一般先发展各种基本运动技能,然后在千变万化的环境中进行练习,可以采用躲闪或追逐游戏,根据不同信号变换动作的游戏以及变速跑、障碍跑、穿梭跑、各种变换方向的追逐性游戏,体操、武术及各种球类活动等。

(三)注意事项

(1)灵敏素质练习的方法是多种多样的,并且要经常改变,采用多种多样的方法练习灵敏素质,可提高练习者各种身体器官的机能。

(2)应在体力充沛、精神饱满的情况下进行练习,兴奋度下降时不宜进行灵敏素质的练习。

五、柔韧素质

(一)柔韧素质的概念

柔韧素质是指人体关节的活动幅度及相关肌肉韧带等软组织的伸展能力。影响柔韧素质的因素有三个方面:一是骨骼、关节、韧带、肌肉的构造和物理特性;二是关节周围组织体积的大小;三是膝关节的韧带、肌肉和皮肤的伸展性。第三个因素与提高柔韧素质关系最密切。虽然柔韧素质受先天的一些因素影响,但后天的系统练习对促进柔韧素质的发展是有重要作用的。

(二)提高柔韧素质的方法

一般以采用静力性拉长肌肉和结缔组织的方法发展柔韧素质成效较快。

1. 静力拉伸法

静力性练习拉伸肌肉、肌腱、韧带和皮肤。拉伸力量的大小,应以感到酸、胀、痛为限,要求保持 8 ~ 10 秒钟,重复 8 ~ 10 次,拉伸动作有压、搬、劈、蹦、体前屈、转体、绕环等。

2. 动力拉伸法

控制在 5 ~ 30 次之间的动力性拉伸练习(踢腿、摆腿、甩腰等),也是发展柔韧素质的方法之一。

发展柔韧素质应将静力与动力、主动与被动练习相结合,坚持细水长流,勿用力过猛。

（三）注意事项

（1）柔韧素质练习要持之以恒。

（2）柔韧素质练习要与力量素质练习相结合。

（3）要注意练习的外界温度和练习时间。外界温度为 18 ℃ 左右时最适合柔韧素质的练习，否则会影响练习的效果。一天之内，早晨的练习效果不好，10—18 时人体的柔韧性表现最好，这个时间段最适合柔韧素质的练习。

第七章 运动项目

第一节 足 球

足球是一项对抗性极强的集体竞技项目。经过一百多年的发展，足球运动已逐渐成为世界上最受人们喜爱、开展最广泛、影响最大的体育运动项目，被誉为“世界第一运动”。有些国家甚至将足球定为“国球”。据不完全统计，现在世界上经常参加足球比赛的球队约有 80 万支，登记注册的运动员约 4 000 万人，其中职业运动员约 10 万人。

一、足球运动的起源与发展

古代足球运动是一项古老的体育活动，源远流长。最早起源于我国古代的一种球类游戏“蹴鞠”，后来经过阿拉伯人传入欧洲，发展成现代足球。所以说，足球的故乡是中国。据说，希腊人和罗马人在中世纪以前就已经玩一种足球游戏了。他们在一个长方形场地上，将球放在中间的白线上，用脚把球踢滚到对方场地上，当时称这种游戏为“哈巴斯托姆”。现代足球起源地是英国。到 19 世纪初，足球运动在欧洲及拉美的一些国家，特别是在资本主义的英国已经相当盛行。直到 1848 年，足球运动的第一个文字形式的规则——《剑桥规则》诞生了。

所谓的《剑桥规则》，即在 19 世纪早期的英国伦敦、牛津和剑桥之间进行比赛时制定的一些规则。当时每队有 11 个人进行比赛。因为当时在学校里每间宿舍住有十个学生和一位教师，因此他们就每队 11 人进行宿舍与宿舍之间的比赛，现在的 11 人足球比赛就是从那时开始的。1863 年 10 月 26 日，英国足球协会在英国伦敦召开了现代足球史上十分重要的一场会议。比赛规程被草拟出来,但有些条文却与今天的规则相去甚远。比如当时有这样一条:当球从球门柱之间进入或从上面的空间越过,不论高度如何,只要不是被手扔、击、运进去的,都算赢一球。那时球员的位置与阵形也不同于今天:每队一名守门员、一名后卫、一名前卫和八名前锋。制定规则不久,阵形有所改变:一名守门员、两名后卫、三名前卫和五名前锋。

然而众多的资料表明,中国古代足球的出现比欧洲更早,历史更为悠久。我国古代足球称为"蹴鞠"或"蹋鞠","蹴"和"蹋"都是踢的意思,"鞠"是球名。"蹴鞠"一词最早记载在《史记》里,汉代刘向的《别录》和唐人颜师曾的《汉书·枚乘传》均有记载。到了唐宋时期,"蹴鞠"活动已十分盛行 ,成为宫廷之中的高雅活动。1958 年 7 月,国际足联现任主席阿维兰热博士来中国时曾表示:足球起源于中国。当然,由于封建社会的局限,中国古代的蹴鞠活动最终没有发展成为以"公平竞争"为原则的现代足球运动。这个质的飞跃是在资本主义的英国完成的。

从 17 世纪中后期开始,足球运动逐步从欧美传至世界各国,尤其是在一些文化发达的国家更为盛行。越来越多的人走向球场,投身到这一富有刺激性和畅快感的运动中去,以至于一度将足球运动开展得好坏作为衡量一个国家文化发达与否的标志之一。在这种情况下,英国人率先为足球运动的发展做出了重要贡献。

1863 年 10 月 26 日,英国人在伦敦皇后大街弗里马森旅馆成立了世界第一个足球协会——英格兰足球协会。会上除了宣布英格兰足协正式成立之外,还制定和通过了世界第一部较为统一的足球竞赛规则,并以文字形式记载下来。英格兰足球协会的诞生,标志着足球运动的发展进入了一个崭新的阶段。因而,人们公认 1863 年 10 月 26 日,即英格兰足球协会成立之日为现代足球的诞生日。

二、足球运动基本技术

足球的基本技术教学内容包括:脚背正面、脚内侧踢球,脚部、腿部、胸部停球,直线、变向运球等。这部分内容是足球基本技术中的重点教学内容,对于提高学生综合运用技术的能力,体验足球比赛中攻防对抗的特点十分重要,是足球技术的基础,教学中应予以充分重视。

(一)踢球

踢球是足球技术中最基本的技术动作,也是足球技术中最重要的技术,在比赛中运用得最多,主要用于传球和射门。踢球的方法主要有脚内侧踢球、脚背内侧踢球、脚背正面踢球、脚背外侧踢球、脚尖踢球和脚跟踢球。在这六种踢球方法中,尤以三种脚背踢球和脚内侧踢球最为常用,脚内侧踢球方法较为简单。

(二)停球

停球是有意识地用身体的合理部位把各种来球停接在自己的控制范围内,以便能更好地衔接传球、运球或射门。停球也称接球,是控制球的一项很重要的基本技术。停球的部位有脚底、脚内侧、脚外侧、大腿、腹部、胸部和头部等。停地滚来球的部位有脚底、脚内侧、脚外侧;停地面反弹球的部位有脚内侧、脚外侧、正脚背、大腿、胸部和头部。脚内侧和脚外侧可以停接三种状态的来球,尤其是脚内侧部位与球接触面积大,便于做迎撤动作,是使用最多的部位。

(三)运球

运球是用脚连续控制球的技术。运球技术动作连贯,方向、速度变化多,而且经常与过人技巧连接起来。运球技术在比赛中运用得合理,将会取得以少打多的效果,创造突破防守射门得分的良机。常用的运球技术有脚内侧运球和正脚背运球、外脚背运球。外脚背运球不仅可做直线运球也可做曲线运球;正脚背运球技术多用于直线运球。快速推进,尤其是在甩掉防守者,前面又有较大空当或直逼球门时,多采用正脚背快速运球;脚内侧运球多在变向运球和掩护运球时采用。

(四)头顶球

原地向前顶球时,两脚用力蹬地,两腿用力伸直,上体由后向前快速摆动,借助腰腹及颈部力量,用前额将球顶出。

原地向侧顶球时,顶球前,顶球方向的同侧腿向前跨一步,两膝微屈,身体重心放在后腿上,上体和头稍向异侧倾斜并转体约45°。两眼注视来球,两臂自然张开。顶球时后腿蹬地,上体和头向出球方向迅速扭转,屈体甩头,在与出球方向同侧肩的前上方,用额骨侧面将球顶出。

(五)抢截球

抢截球分为正面抢球和侧面抢球。正面抢球是对手运球从正面来时所采用的方法。其动作方法是两脚前后开立，膝微屈，身体重心下降并落在两脚间，面向对手；对手运球前进，当脚触球即将着地或刚着地时，支撑脚立即用力蹬地，抢球脚以脚内侧对正球并屈膝向球跨出，挡住球的正面；支撑脚立即前跨，上体前倾保持身体平衡，把球控制住。侧面抢球是对手快速运球推进时，防守队员与之平行跑动或从其背后追上成平行跑时所采用的抢球方法。其动作方法是当与对手并肩跑动时，身体重心稍下降，当对方靠近自己一侧的脚离地时，用肘关节以上部位，冲撞对方相应部位，使对方向外侧倒斜而暂时失去身体平衡离开球，乘机将球抢过来。

（六）掷界外球

掷界外球是指球员将比赛中越出边线的球，按照规则的规定用双手掷入场内预定目标处的动作。掷界外球分原地掷界外球和助跑掷界外球两种方法。

（七）守门员技术

守门员技术是指守门员防守球门安全和对方发动进攻时所采用的动作方法的总称。守门员的主要任务是控制罚球区，确保球门安全。因此，他的活动区域主要在本方罚球区内，他的比赛活动是以防守行动为主。守门员的有球技术包括接球、扑球、拳击球、托球、发球等。

三、足球运动基本战术

足球战术分为进攻战术和防守战术两大系统。不论是进攻战术还是防守战术都包含着个人和集体的战术。个人战术是集体战术的组成部分，是为集体战术服务的。集体战术是个人战术的综合。个人战术是指队员为完成全队战术配合及取得比赛胜利而采取的个人行动和方法。

（一）个人进攻战术

个人进攻战术包括跑位、传球、运球突破和射门。

1. 跑位

比赛中无球队员不断地进行有目的的跑位，对完成全队的战术配合起着极其重要的作用。根据战术目的的不同，跑位分为接应跑位、拉扯跑位、切入跑位等。无论哪种跑位，都要掌握好跑位的时机、方向和地点。跑位的方向有三个：向前跑、向后跑和向两侧跑。

2. 传球

传球在比赛中运用得最多,传球和跑位是构成集体进攻战术配合的基本条件。传球是组织进攻、变换战术和创造射门机会的有效手段。传球的目标只有两个:一个是向同伴脚下传球,一个是向空当传球。传球要准确、及时。

3. 运球突破

运球突破是个人进攻战术动作,它可以在局部地区形成以多打少的人数优势,运球突破最后一道防线即可直接威胁对方球门,也可为本队其他队员制造射门得分机会。要想突破对手的防守,需要掌握全面技术,特别是快速起动和运球过人的技术。运球过人突破防守的方法有强行突破、假动作过人突破、人球分走、穿裆过人等。

4. 射门

射门是指进攻到对方球门前时,运用不同的脚法(或头顶球)将球踢(或顶)向对方的大门。射门是得分的主要手段,而破门则是比赛的最终目的。射门常常是在与对手激烈的竞争中,需要摆脱对方的阻截、冲撞,甚至一些不符合规则的粗野动作完成的,这就要求进攻者技术全面,动作迅速,真假结合,起脚突然,这样才能抓住战机破门得分。

(二)个人防守战术

个人防守战术包括选位与盯人、抢截战术。选位与盯人是个人防守战术的统一整体,选择正确的防守位置才有利于盯人,有效地盯人要有正确的防守位置。选位应是根据比赛实际,不断调整防守位置,但应始终站在对手与本方球门中心所构成的直线上。在场地的任何位置防守,都要根据要里不要外、要中不要边、要后不要前的原则选位,并在选位的同时做到人球兼顾,切不可只顾球不盯人,或者相反。

(三)局部战术

局部进攻战术包括“二过一”“三打二”等,下面以“二过一”为例介绍。“二过一”配合是指在局部两名进攻队员通过两次连续传切配合,越过一名防守队员的配合方法。“二过一”配合的形式根据传球和跑位的路线有:直插斜传二过一、斜插直传二过一、斜插斜传二过一、回传反切直传二过一。

“二过一”进攻战术的注意事项如下。

(1)传球人注意在距离对手 15 米左右突然传球给接应队员,然后快速超越对手接回传球,传球距离不可过近或过远。

(2)接应队员在允许的条件下,应直接把球传到同伴跑向的空当。

(3)如果是突破最后一名防守队员,应注意避免越位。

(4)比赛中出现"二过一"配合的时机是短暂的,应该发现时机就果断地进行配合。

(四)比赛阵形

比赛阵形是指比赛场上队员的位置排列、攻守力量搭配和职责分工的形式。阵形的序列一般是从后卫排向前锋。守门员的人数、职责固定,一般不予计算。例如,"三五二"阵形从后至前分三条线,后卫线三名队员,前卫线五名队员,前锋线两名队员。比赛阵形种类繁多,但要依据本队队员的条件、特长和对手的特点来选用。目前足球比赛中较多采用的阵形有"四三三"阵形、"四四二"阵形、"五三二"阵形等。

(五)定位球战术

定位球战术是在比赛开始或成死球后重新恢复比赛时所采用的攻守战术配合,包括中圈开球、球门球、掷界外球、角球、任意球、罚点球等。

四、足球运动主要赛事

1. 奥运会足球比赛

1912 年第五届奥运会时,足球开始被列为正式比赛项目。除了 1916 年、1940 年、1944 年因两次世界大战未举行外,只有 1932 年洛杉矶奥运会上没有足球比赛项目。1996 年第 26 届奥运会上,女子足球首次被列为比赛项目。

2. 世界杯足球比赛

国际足球联合会世界杯比赛,简称世界杯足球赛(旧称世界足球锦标赛),是由国际足联统一领导和组织的世界性的足球比赛。2002 年韩日世界杯是世界杯历史上首次由两国合办。中国队首次进入世界杯决赛阶段的比赛,但小组赛未进球,以失 9 球、积 0 分的成绩无功而返。

3. 欧洲杯

1953 年,国际足联在巴黎举行的特别代表大会上批准举办欧洲联赛,1954 年 6

月 15 日,欧洲足联成立。次年,开始举办欧洲俱乐部冠军杯联赛,1956 年,开始筹备举行由欧洲各国国家队参加的比赛。两年后,第一届欧洲国家杯(欧洲杯前身)资格赛开始进行。

4. 美洲杯

美洲杯足球赛诞生于 1916 年,是美洲也是全世界历史最悠久的足球赛事。当时正值阿根廷独立一百周年之际。在当时的阿根廷总统伊里戈延的倡议下,设立了这一杯赛。美洲杯足球赛由南美洲十支实力最强的国家队参加,因此是南美洲最高水平的比赛。比赛由南美足协主办,开始时每年举办一次,1927 年后不定期举行,到 1959 年改为每四年举办一次。

5. 非洲国家杯

非洲国家杯是非洲地区足球运动领域中最高规格的赛事,每隔两年由非洲足协举办。非洲国家杯于 1968 年正式开始,但在之前曾不定期举办。1957 年的第一届非洲国家杯只有三个国家参加,它们是埃及、苏丹、埃塞俄比亚。自从所有非洲国家都参加后就开始有了外围赛,现在的决赛圈席位有 16 个。

6. 亚洲杯

亚洲杯是由亚洲足球联合会举办的亚洲国家队参加的一项比赛,赛会是每四年一届。

7. 联合会杯

联合会杯足球赛的前身为洲际杯足球赛,于 1991 年由亚洲、非洲、南美和北美加勒比地区足联提议发起,现由国际足联主办,每两年举行一届。

第二节 篮　球

篮球比赛是参赛双方以相同数量的队员,在一定的时间、空间内按照统一的规则所进行的思想作风、体能、技术、战术、心理和智能等方面的综合性对抗竞赛。比赛双方通过进攻(控球),努力将球投入对方球篮;通过防守(防球、抢球),力争阻止对方将球投入己方球篮,并获球进攻,最后以得分多少决定比赛胜负。

在国外,打篮球早已成为培养人的综合能力的基本方法。在中国,"学打球"也已经与"受教育"并列在一起。目前,篮球运动已经成为一项"育人工程",教育部门把篮球运动作为体育课的基本内容列入教育计划,高等体育院校把篮球作为一门学科,要求学生进行必修或选修。许多大学把开展篮球运动作为进行学生素质教育的重要途径。

一、篮球运动的起源与发展

篮球运动于1891年起源于美国,它是由美国马萨诸塞州普林菲尔德(旧称麻省春田)市基督教青年会训练学校的体育教师詹姆士·奈史密斯博士发明的。源于儿童游戏的启示,他借鉴当时已有的足球、长柄曲棍球和场地球等运动,发明了这种适宜冬季在室内进行的运动项目。1895年,美国人来会理博士将篮球运动带入中国的天津,天津成为中国篮球运动的起源地。1904年天津最早的教会学校——新学书院就在天津率先成立了学生篮球队。1914年天津基督教青年会又建立了天津第一个室内篮球馆,这里成为天津开展篮球运动的基地。

1936年,国际奥委会决定将男子篮球列为正式比赛项目,1976年女子篮球也被列为奥运会正式比赛项目。国际篮球联合会每四年举行一次世界篮球锦标赛。目前,世界各大洲都组织了篮球联合会,并开展着各种性质的篮球比赛活动。

二、篮球运动基本技术

篮球技术是指在比赛中,运动员为了达到战胜对手的目的,合理有效地完成各种进攻、防守技术动作的方法;是运动员掌握篮球技术动作的数量、质量以及其所具有的体能、智能、战术能力、心理品质的综合体现。

篮球技术包括移动技术(跑、跳、急停、转身等无球动作方法)、控制支配球动作(传接球、运球、投篮等有球动作方法)和争夺球动作(抢球、打球、抢篮板球等动作方法)以及由这些动作组成的组合动作体系。篮球技术动作的多方面属性,为我们提供了多个可供选择的分类标准,为了便于大家理解,将遵循攻防对抗原则对篮球技术进行分类介绍。

（一）移动

移动是队员在比赛中为了改变速度、方向、位置和高度所采用的各种脚步动作的统称。移动技术是由走、跑、跳、急停、转身等脚步动作组成的。它是通过快速而突然的各种脚步动作，在进攻时达到摆脱防守、接球、选择位置、牵制对手、掩护或是合理而迅速地完成运球、传球、突破、投篮等目的。防守时是为了抢占有利位置，防止对手摆脱或及时、果断、准确地抢、打、断球和抢篮板球。因此，运用各种脚步动作的实质是争取时间和空间的主动权。

（二）传接球

传接球是篮球运动中重要的基本进攻技术之一。比赛中，场上5名队员是通过传接球而连成一个整体的，一次成功的进攻往往要经过多次准确、及时的传接球，创造出攻击的时机而实现。因此，传接球技术的好坏直接影响到集体力量的发挥和战术配合的质量。

（三）投篮

投篮是进攻队员为将球投向篮圈而采用的各种专门动作的总称。投篮是篮球运动的主要进攻技术。投篮的方法有许多种，以下介绍两种基本投篮方法。

（1）原地单手肩上投篮：它是现代篮球比赛中应用比较广泛的一种投篮方法，是行进间跳起投篮的基础。它具有出手点高、便于结合其他动作、不易被防守的特点。

（2）行进间单手肩上投篮：它是在比赛中切入篮下的一种投篮方法。其优点是出手点高，易用身体护球，一般女子采用较多。

（四）运球

运球是持球队员用手按拍借助地面反弹起来的球的动作。运球是篮球运动中主要的基本技术之一。它是个人攻击的重要手段，而且在比赛中经常用运球来发动快攻或调整位置，组织全队进攻战术配合；有时还用运球来吸引对方，给自己或同伴寻找更有利的传球或投篮机会；在战术变化中用以压缩防区，展开外线攻击；在破紧逼防守和决战阶段的进攻战术中也起着较大作用。运球是通过运动员以手对球的控制和结合快速、灵活、多变的脚步移动来实现的，故运球的关键是手对球的控制和手脚的协调配合。运球技术动作方法较多，有高运球、低运球、运球急停急起、体前变向换手运球、体前变向不换手运球、背后变向换手运球、运球后转身和胯下变向换手运球等。

(五)持球突破

持球突破是持球队员运用脚步动作和运球技术超越对手的一种攻击性技术。在比赛中,掌握好突破时机合理地运用突破技术,既能直接切入篮下得分,又能打乱对方的防守部署,创造更多的攻击机会,增加对手的犯规,给对方防守造成较大的威胁。

(六)个人防守

个人防守是指防守队员合理地运用各种防守动作,积极抢占有利位置,阻挠和破坏对手进攻,以争夺控制球权为目的的一种动作方法。个人防守技术包括防守不持球队员和防守持球队员以及断球、打球、抢球等。

1. 防守无球队员基本方法

(1)防守位置:正确合理地抢占有利位置,是争取防守积极主动的重要条件。防守队员应在对手与球篮之间偏向有球一侧的位置上,保持一定的角度和距离。对有球侧的防守距离要近,对无球侧的防守距离适当远一些,对篮下队员的防守要靠近对手。

(2)防守姿势:正确的防守姿势能扩大控制面积,并可及时地向不同方向移动。

(3)防守方法:一般采用平步结合斜步的步法,与所防对手保持一臂距离、身体重心略低、处于随时可移动状态,利用手臂干扰对方传、运、投的路线。防守队员要根据队员的移动和球的移动,合理地运用上步、撤步、滑步、交叉步和快跑等脚步动作,随时抢占有利的防守位置,还要根据对手的身高、速度、进攻特点和自身的防守能力来决定防守的位置。

2. 防守持球队员基本方法

(1)防守位置:应站在对手与球篮之间的位置上,一般与对手的距离以伸手能够触到对方的球为宜。

(2)防守姿势:平步防守和斜步防守。

(3)防守方法:防守投篮较准的对手、运球突破的对手、善于传球的对手。

(七)抢篮板球

比赛中双方队员争夺投篮未中、碰篮板或篮圈反弹出的球,统称抢篮板球。抢到防守篮板球,可以摆脱进攻队在篮下连续攻击的威胁,达到转守为攻,迅速组织快攻反击的目的,而且能加重对方进攻队员外线投篮的顾虑,降低其投篮命中率。进攻时如能抢到进攻篮板球,不仅能在对方篮下展开连续进攻,增加进攻次数和得分机会,而且可以增强己方进攻队员投篮的信心,提高士气和命中率。抢篮板球技术由抢占位置、起跳动作、抢球动作和抢球后动作所组成。

1. 抢占位置

抢占位置是抢篮板球技术极其重要的一环,抢占有利位置时,要有迅速准确的分析判断能力。篮板球的反弹方向、距离、落点是与投篮队员所处的位置等因素有关的。

2. 起跳动作

抢占到有利位置后,起跳时两脚用力蹬地,两臂上摆并向上伸,协调用力,身体充分伸展,准确抢球。

3. 抢球动作

根据攻、守队员的位置及球的方向,抢球可分为双手抢球、单手抢球和点拨球三种。

三、篮球运动基本战术

篮球战术是比赛中队员个人技术的合理运用和队员之间相互配合、协调一致地完成比赛任务的组织形式。比赛的胜负很大程度上取决于战略与战术的正确运用。技术是基础,战术是手段。技术的发挥能推动战术的丰富,而战术的发展能促进技术的提高并取得比赛的主动权。

(一)局部基本配合

1. 传切配合

传切配合由两个队员运用传球和切入技术动作完成。

2. 掩护配合

掩护配合是进攻队员采用合理的行为用身体挡住同伴的防守者的移动路线,使同伴借以摆脱对方防守的一种配合。站在被掩护者前、侧、后面,分别称为前掩护、侧掩护、后掩护。

(二)半场人盯人防守战术

半场人盯人防守是在后场进行人盯人的一种防守战术。该战术的特点是每个防守队员盯住一个进攻队员，同时还协助同伴完成全队防守任务。同区域联防相比，半场人盯人防守更积极主动，分工明确，能够发挥队员的防守积极性和提高防守的责任感；灵活多变，针对性强，能根据对方的情况及时调整防守的部署；简单易学，便于掌握。

该战术的要求为：在防守时应遵循“以人为主，人球兼顾”的原则，对持球队员必须防紧，离球篮越近越要防得紧，并阻挠其投篮、突破和传球；对不持球队员的防守，应选择人球兼顾的位置，保持人、球均在视线范围内。

四、篮球运动主要赛事

1. 世界篮球锦标赛

世界篮球锦标赛是由国际篮球联合会每四年举办一次的世界性比赛。从 1950 年开始至今，世锦赛已举行了 13 届。中国国家男子篮球队从第 8 届开始亮相世锦赛，最好成绩是 1994 年第 12 届世锦赛上夺得第 8 名。

2. NBA——美国职业篮球联赛

NBA 既指代成立于 1946 年 6 月 6 日的美国全国篮球协会，也指代美国职业篮球联赛，现今 NBA 已成为全球收看人数最多的一项赛事。随着我国篮球运动员姚明、易建联等球员的加入，2006 年 NBA 仅在华收入就超过了 5 000 万美元。NBA 是美国重要的体育支柱产业。

3. CBA——中国男子职业篮球联赛

中国篮球协会成立于 1956 年 6 月。CBA 是 1995 年由中国篮球协会正式推出的与国际接轨的赛事，现为我国国内最高水平和最大规模的篮球赛事。其对我国篮球运动的发展起到了很大的促进作用，受到广大人民群众的喜爱。

4. CUBA——中国大学生篮球联赛

CUBA 是中国大学生篮球联赛的简称，是中国体育史上第一个采取社会化、产业化运作模式的大学生篮球联赛，是高校育人体系的重要组成部分。随着该项赛事的内涵和外延的不断扩大，现已成为文化素质高、比赛场次多、现场观众多、资助跨度大、地域分布广、媒体支持强劲、社会形象体面的篮球赛事，为国内两大篮球赛事之一。

第三节　排　球

排球运动是用双手做发球、垫球、传球、扣球和拦网等动作来组织进攻和防守的球类运动项目之一。排球的英文"volleyball"的原意是击空中球或"空中飞球"。从排球运动发展初期至今，国际排球联合会已成为拥有200多个国家和地区会员的世界上最大的单项体育运动联合会，参加排球运动的人数超过1.5亿。排球运动以其熟练、准确、细腻的技战术，成为当今世界上仅次于足球、篮球的广为普及的、人们喜闻乐见的现代运动项目之一。

一、排球运动的起源

排球运动和现代奥运会同时产生，迄今已有100多年的历史了。排球运动于1895年诞生在美国。如今这项运动已经发展成为适合于各年龄层次参加的大众化体育运动，并且与篮球和足球一样，成为世界性的竞技比赛项目。据可查的资料记载，排球于1905年经由广州和香港等地传入中国。20世纪80年代，中国女排在世界大赛中曾创造了"五连冠"的光辉成绩。

二、排球运动基本技术

排球技术是指在规则允许的条件下运动员在比赛中所采取的各种合理的击球动作，它是组织与实施战术的前提和基础。排球技术可分为准备姿势、移动、垫球、传球、发球、扣球和拦网七种。

(一)准备姿势

在排球比赛中，随时都要做出各种不同的动作，因此必须始终保持正确的准备姿势，以便接好来球。它是排球每个技术的基础。准备姿势按身体重心的高低可分为稍蹲、半蹲和低蹲三种。其中，运用半蹲姿势较多。其技术动作是两脚左右开立比肩宽，两脚尖内收，脚跟稍提起，膝关节保持一定弯曲，上体前倾，重心靠前，两臂放松自然弯曲，双手置于腹前，全身肌肉适当放松，双眼注视来球，两腿始终保持微动状态。

（二）移动

在排球比赛中，队员为了能迅速地接近球，保持合理的位置，以完成各种击球动作而采用的各种脚步动作统称移动。它也是排球基本技术的基础。常用的步法有五种。

（1）滑步：一脚先向前或向侧方跨出，另一脚迅速跟上。

（2）跨步：一脚支撑并蹬地，另一脚向前或向侧方跨出一大步，随之膝部弯曲，上体前倾，重心移至跨出的脚上，臀部下降，后腿自然伸直或随着重心前移而跟着上步。

（3）跨跳步：重心下降，成全蹲姿势，当球离身体 3 米左右时，两脚用力蹬地向前跳出，同时两臂迅速摆动，带动身体更快、更远地跳出迎球。

（4）交叉步：向某一侧移动时，同侧脚支撑并蹬地，另一脚迅速向侧方交叉跨出，同侧脚随即移动跟上。

（5）跑步：来球较远时采用跑步，球在侧方或后方时注意边转身边跑。

（三）垫球

垫球是用双手前臂的前部击球，利用来球的反弹力和自身的协调用力将球击出的技术动作，主要用于接发球、接扣球、接拦回球及各种低球。垫球技术分为三种。

1. 正面双手垫球

面对来球时，两脚开立稍宽于肩，两脚尖内收，脚跟略微离地，两臂自然弯曲，置于腹前，身体稍前倾，膝部弯曲，双手自然重叠合掌互握，两臂伸直，手腕下压，触球部位在前臂的前半部。身体移动对准来球，手臂迅速插入球下，全身协调用力，伴随送肩、抬臂动作，迎球垫击，以控制球的方向。

2. 侧面双手垫球

球在体侧时，来不及移动对准来球，即可采用侧垫。如球在左侧，左脚往外跨出一步，右脚前脚掌内侧蹬地，重心随即移至左脚上，左膝弯曲，同时两臂向侧伸出，右肩微向下倾斜（是为了使双肩组成的平面与水平面成一合适的角度），将球垫出。

3. 背面垫球

背垫时，要判断好球的飞行方向，迅速移动到球的落点上，背对出球方向击球时，两臂夹紧伸直，击球点高于肩，击球时蹬地、抬头挺胸、展腹，直臂向后方摆动击球。背垫低球时，可用屈肘翘腕动作，以虎口处将球向后上方垫起。

（四）传球

传球是排球运动中最重要的基本技术之一，是进行比赛与组织战术的基础。传球在组织进攻和攻防战术的串联中起着桥梁和纽带的作用。传球技术的基本要领如下：正面对准来球方向，两脚左右开立，约同肩宽，一脚稍前，后脚跟稍提起，两膝微屈，上体前倾，两肩放松，双手由下而上提起置于胸前。当来球接近额头时，蹬腿、伸膝、伸臂、双手微张，经脸前向前上方迎球，击球点在额头上方约一球距离处。当手触球时，两手自然张开成半球形，手腕稍后仰，双拇指相对成“一”字形或“八”字形，双手间留一定距离，用拇指内侧、食指全部、中指的一指节触球的后下部，无名指和小指在球的两侧辅助控制传球方向。两肘适当分开，两前臂之间约成90°角，传球时主要靠蹬地伸臂和手指手腕力量以及球的反弹力。

（五）发球

发球是排球的基本技术之一，是排球比赛中一项重要的进攻技术。发球是比赛的开始，也是进攻的开始，准确而有攻击性的发球可以直接得分或破坏对方的战术组织。

1. 正面上手发球动作要领

面对球网，两脚自然开立，左脚在前，左手托球于身前，然后用抬臂和手掌的平托上送，将球平稳地垂直抛于右肩的前上方，高度适中。在左手抛球的同时，右臂抬起，屈肘后引，肘与肩平，上体稍向右侧转动，同时收腹，带动手臂挥动，在右肩上方伸直手臂达最高点，用全手掌击球的后下部。击球时，手指自然张开吻合球。击球后，随重心前移进入场内。

2. 正面下手发球动作要领

此种发球动作简单、易于掌握，适合于初学者练习。其动作要领是面对球网，两脚前后开立，左脚在前，右脚在后，两膝微屈，上体稍前倾，左手持球于腹前，然后将球轻轻抛起在体前右侧，球离手约10厘米，右臂伸直后引，击球时右脚蹬地，右手向前摆动，以全手掌击球的后下部，身体重心随之移至前脚上。

（六）扣球

扣球是排球技术中攻击性最强的一项进攻技术，它是得分的重要手段，其动作要领如下。

1. 准备姿势

两眼注视来球方向，上体略前倾，两臂自然下垂，根据球所在位置，不断用碎步调整步点，使身体处于一个合适的起动位置。

2. 助跑

左脚先向助跑方向跨出一小步，紧接着右脚跨出一大步，然后左脚迅速跟上，左脚在前右脚在后，双脚跟先着地后迅速过渡到前脚掌。在整个助跑过程中，身体重心要逐渐降低，踏跳要迅速有力。

3. 起跳

上体前倾，两膝弯曲并内收，膝部弯曲度为 90 ~ 100 度 。双臂用力由体后下方向前上方摆动，同时快速展腹，双脚用力蹬地起跳。

4. 摆臂

从助跑的第一步起，手臂就应开始摆动。男子可采用画弧或前后摆臂，女子则以画弧摆臂为宜。画弧摆臂时两臂自然弯曲，前后摆臂时双臂自然伸直。整个摆臂动作要充分舒展，幅度要大。

5. 空中动作

趁向上摆臂之时，扩胸、提肩、肘外展或屈臂，此时肘部要略高于肩。接着利用上体转动和收腹，以肩为轴带动手臂向前上方挥动。手臂充分伸直，在肩部前约一球距离处击球。动作应提前伸直手臂，抬肘甩前臂击球的中上部，手掌带腕快速甩击。

6. 落地

双脚前脚掌同时落地，过渡到全脚掌，并乘势屈膝和收腹。落地后迅速转入下一个动作的准备姿势。

（七）拦网

拦网在排球比赛中不仅是第一道防线，又是得分和转守为攻的主要手段。其动作要领如下。

1. 准备姿势

双目注视对方扣球者的动向，双脚与肩同宽，站立于离中线 20 ~ 30 厘米处，双膝微屈，两臂弯曲置于胸前，上体稍前倾。

2. 移动

移动方法可采用并步、交叉步和跑步移动，移动方向应力求与网平行。无论采用哪一种移动，最后一步的脚尖必须转向球网。

3. 起跳

屈膝下蹲，腰、膝、踝关节的弯曲度与扣球起跳相同。两臂在体侧画小弧用力上摆，带动身体垂直上跳。跳起后抬头、收腹、伸臂。

4. 空中动作

两臂与身体垂直线成 15°角伸向上方，双手间距离以不超过球为宜。手指张开微屈，掌心向前保持紧张用力。在对方扣球瞬间，提肩、抬肘、收腹、低头，手腕下压，有一个“盖帽”动作。完成下压动作后手臂自然收回。

5. 落地

身体垂直下落，先以脚尖落地，屈膝缓冲后迅速转入下一个动作的准备。

三、排球运动基本战术

排球战术是指场上队员在比赛中根据规则、比赛规律以及双方的具体情况和临场的变化，有意识、有目的地运用技术配合所采取的行动。

排球战术可分为个人战术和集体战术。集体战术又分为进攻和防守两大部分。

(一)进攻战术

1. 阵容配备

结合实际技术、战术特点，合理地搭配场上队员，充分发挥每一个队员的特长，以便在比赛中有效地组织力量，称为合理的阵容配备。基本的阵容有以下两种。

(1)“四二”配备：将 4 名进攻队员(2 名主攻队员和 2 名副攻队员)，2 名一传队员分别安排在相应对称的位置上。这种阵容一般基层比赛运用较多。

(2)“五一”配备：由 5 名进攻队员和 1 名一传队员组成上场阵容，一传在后排进攻时插上。这种阵容配备的优点是拦网和进攻力量强，全队只要适应一个一传队员的打法，相互之间容易建立默契。这种阵容专业排球队运用较多。

2. 进攻阵形

凡是球在本方场区时，都要尽量组织进攻。在进攻战术配合中有“中一二”、“边一二”、“插上”和“两次球”等。在这四种进攻战术配合基础上，可以组织丰富的战术变化。

(1)“中一二”进攻阵形：即由3号位队员作一传手，2、4号位队员进攻的配合形式。这是进攻战术的基本阵式之一，它比较简单，容易组织，是初学者常采用的一种进攻阵式。

(2)“边一二”进攻阵形：即由前排2号位队员作一传，把球传给3、4号位队员进攻的组织形式。

(3)“插上”进攻阵形：即由后排的一个队员在对方发球后迅速插到网前2、3号位作一传，前排保持点进攻，还能组织各种主体进攻。这是当前国内外高水平球队普遍采用的一种战术阵式。

(二)接发球站位与防守战术

1. 接发球站位

接发球站位阵形一般常采用的有5人接发球和4人接发球。

(1)5人接发球站位：常在“中一二”和“边一二”进攻战术中运用。可站成“一三二”阵形。

(2)4人接发球站位：为战术需要可采用这种接发球阵形。如在“插上”进攻战术中，为缩短插上时间，插上队员与同列前排队员站在网前不接球，其他4人站成弧形接发球。

2. 防守战术

防守战术运用时，主要是判断进攻点并合理取位，拦、防、吊结合，进行有针对性的防守。防守战术包括拦网、防守阵形、接发球、接扣球、防吊球以及防守反攻等几个相互衔接的部分。

(1)拦网是防守的第一道防线。拦网应根据对方的战术，采用相应的拦网对策，如单人拦网、集体拦网、人盯人拦网、换位拦网等。

(2)后排防守是根据前排的拦网人数、战术等不同情况,采用不同的防守阵形。

四、排球运动主要赛事

1. 世界排球锦标赛

世界排球锦标赛是由世界排球联合会主办的国际排球比赛,是最早的、规模最大的世界性排球比赛,每四年举行一届,受到各国普遍重视。世界锦标赛原来与奥运会同年举行,1962 年起改在奥运会后第一年举行(第五届世界女子排球锦标赛除外)。

2. 世界杯排球赛

世界杯排球赛是由全球高水平的男、女球队参加的国际性排球比赛,每四年举办一次。自从 1991 年起世界杯赛被改为在奥运会的前一年举行,相当于是奥运会的资格赛,获得前三名的队伍则有资格进入奥运会。

3. 奥运会排球赛

奥运会排球赛男、女项目均始于 1964 年第 18 届奥运会,是世界最高水平的比赛,每四年举行一次。男女各 12 支参赛队伍,包括:主办国 1 个队;前一年世界杯赛产生的 3 个队;五大洲奥运会预选赛产生的 5 个队;由国际排联在奥运会前直辖举办的奥运落选赛中产生的 3 个队。

4. 中国排球联赛

1996 年,全国排球甲级联赛由赛会制改革为主客场制,第一届施尔康杯全国排球甲级联赛于同年 12 月 21 日在全国 8 个赛区同时打响。1999 年,参赛队伍从男、女各 8 支增加到男、女各 12 支,现已成为我国最高水平的排球联赛。

第四节　网　　球

网球作为一种重要的健身手段,对增进人体的身心健康,发展智力,培养坚忍的意志品质,具有独特的作用。现代网球运动从英国温布尔登开始到现在已经有 100 多年的历史。这项运动也从最初的几个国家发展到目前的 160 多个国家。

一、网球运动的起源

现代网球运动一般包括室内网球和室外网球两种形式。网球运动最早起源于12至13世纪法国传教士在教堂回廊里用手掌击球的一种游戏，后来成为宫廷里的一种室内消遣娱乐活动。也有人认为，网球运动的起源应追溯到“百年战争”（1337—1453年英法两国战争）以前在法国民间流传的一种名叫海欧·德·巴乌麦的球类游戏。据说这种游戏是两个人进行的，每人各执一个球拍，球场的周围筑有围墙，球撞到墙上后被弹回去，而后过网。无论在使用的场地和器具上，还是在进行游戏的方法上，它与现代网球运动都有许多相似之处，所以有人把它看做是网球运动的最初形态。

中国的网球运动是在19世纪后期由英、美、法等国的商人、传教士和士兵传入的。

二、网球运动基本技术

网球基本技术包括：握拍、正手击球、反手击球（包括削球）、发球、接发球、截击球、挑高球、高压球、放短球、反弹球、基本步法等。

（一）握拍

东方式握拍方法是国内外专家一致公认的最好握拍方法。其正手击球的角度及力度都是最好的，但缺点是在反手击球时必须变换握拍法。其要点为：拇指与食指间的“V”形虎口恰好对在拍柄的上平面偏右的位置上。

此外还有西方式握拍、大陆式握拍等方法，其中大陆式握拍方法的优点为正反手都能以不变的握法进行击球。

（二）正手击球

正手击球是网球运动中最基本的击球方法，特点是击球动作深、长，击球有力，也是最容易取胜的重要击球技术。正手击球有平击、上旋球、下旋（切削）球等打法。

1. 准备姿势

身体前倾，两腿开立与肩同宽，双膝微屈，用非持拍手扶球拍颈部，持拍手稍低于腰部，拍头部与胸齐高。

2. 转肩后摆，侧身引拍

当球朝右手方向飞来时，左手离开球拍，肩向右转，身体侧向球网，两脚前后开立，重心在后脚上，随着转体，应快速平稳地向后摆动球拍。

3. 挥拍击球

向前挥拍击球时，要紧握球拍，手腕紧绷，球拍从稍低于腰部处开始做弧线运动，向前挥动，在左前方触球，拍面与球接触时要垂直于地面或稍前倾。

4. 随挥动作

当球离开拍弦后，球拍应自然地随着击球动作的惯性做随挥动作，使持拍手臂向前伸展，肘关节一定要向前上方跟进，挥至左肩上方结束。

（三）反手击球

反手击球有反手平击、削击（下旋）球、上旋球等几种打法。其动作与技术要点，除击球点、转体引拍、随球挥拍的方向与正手相反外，其他与正手击球基本相同。反手击球分为单手握拍与双手握拍两种。男子单臂力量较弱者及女子最好采用反手双握击球，但在反手削击球时应采用单手握拍。

（四）发球

发球是比赛开始的第一个动作。有效的发球具有较强的攻击性，并在速度、力量、旋转和落点等方面不断变化。发球包括平击发球、切削发球、旋转发球。发球技术包括：握拍与站位、抛球与侧身后摆、挥拍击球、随球挥拍动作。其技术要点为：

（1）挑球方向合适，抛球点高；

（2）屈膝侧身转体背弓，重心在后；

（3）击球时在高点做扣腕动作；

（4）球拍应斜挥过身体，结束于异侧下方。

（五）接发球

接发球属于落地反弹球技术。接发球时应根据对方发球的实际情况采用相应的接发球方法。要想接好球应注意：

（1）对方发球时，眼睛要一直盯住球；

（2）重心应偏前，并在身前击球；

(3)明确接发球的目的是使球“活着”,不要盲目地追求没有可能性的“直接得分”。

(六)截击球

截击球是在球落地前击打空中来球的一种方法。截击球包括正手截击和反手截击两种。截击球应注意:

(1)后摆幅度要小;

(2)拍头与双眼尽量同来球保持同一高度;

(3)在身体前击球。

(七)挑高球

挑高球是进攻和防守的双重武器。防守性挑高球的弧线很高,从而可赢得时间,占据有利位置;进攻性挑高球用以对付飞速上网的对手,采用突然袭击方式,使对方难以到位救球而失分。

(八)高压球

高压球用以对付对手挑高球。高压球技术类似发球,在头正上方应用扣杀动作还击来球,堪称击球中的“重炮”。用高压球要注意快步上前,击球时要果断,有信心。

(九)放短球

放短球就是把球刚好“吊”过网。短球放得好,可出现一系列有利的情形,迫使疲劳的对手从底线上网,而又够不着球。放短球,要求多用手腕动作且带有削击。在一些情况下,放短球有危险性,因而应用放短球技术要突然,不要频繁地使用。

(十)反弹球

反弹球是打击一个刚好落地弹起的球,它类似棒球场内接“短跳球”。打反弹球注意力更多地集中在击球时机上,后摆稍短,身体重心要低些。

(十一)基本步法

在各种击球中,人与球必须保持一个适当的距离且有一个合适的站位,才能得心应手地打出各种好球,因此步法移动是否迅速、灵活至关重要。步法包括开放式步法(正手移动步法)、闭锁式步法(反手移动步法)、交叉步法(左或右)、后退移动步法等。

三、网球运动基本战术

网球战术有发球战术、接发球战术、底线战术和上网战术等。

(一)发球战术

针对对方的弱点用不同的发球方法,第一次发球多用大力平击,以加大力量和速度,造成对方接发球上的失误。第二次发球有所不同,要注意球的落点和准确性,避免失误。

(二)接发球战术

接发球时一般站在对手发球扇形面角度平分线上,但应根据自己的正手、反手情况适当调整,以更有利于自己用较强的一侧接发球。

(三)底线战术

多采用长抽攻击对方弱点,逼右攻左或反之,打对方底线的两角。

(四)上网战术

掌握上网时机一般应注意:

(1)发球后上网是发急速旋转球后,借助球在空中飞行时间较长的特点,使自己有足够的时间向前移动上网;

(2)随球上网即乘机上网,击球后在使对方回球困难的前提下,给自己创造上网机会。

四、网球运动主要赛事

1. 戴维斯杯赛

戴维斯杯赛就是世界男子网球团体赛,它是美国人在1900年创办的。戴维斯杯赛类似于主、客场制的比赛;两队首次交锋,抽签决定在其中哪个国家比赛;如以后再相遇则改在另一国家比赛。这种赛制深受参赛国的欢迎。

2. 联合会杯赛

联合会杯赛也就是世界女子网球团体赛。1963年在英国伦敦的女子俱乐部举行了第一届联合会杯比赛。联合会杯创赛初期的比赛方法是:参赛国家到主办国,全部比赛场次都在同一地点,在一周时间内决出冠亚军。随着女子网球运动在世界范围的普及，参加联合会杯比赛的队伍也越来越多，原有的赛制已不能适应形势。1995年，联合会杯赛采用了类似戴维斯杯的最新赛制。

3. 澳大利亚网球公开赛

澳大利亚网球公开赛是四大公开赛中历史最短的赛事。但从1905年至今也有百年的历史了，比赛地点在澳大利亚的第一大城市墨尔本。由于比赛时间安排在1月底2月初，所以其是四大公开赛中最早的一站比赛。该项赛事是在硬地网球场上进行的，打法全面的选手在这种场地上占优势。

4. 法国网球公开赛

法国网球公开赛始于1891年，它是与温布尔登草地网球锦标赛一样负有盛名的传统网球比赛。比赛设在巴黎西部蒙特高地的一座叫罗兰·加洛斯的大型体育场内。比赛安排在每年5月底6月初进行，它是四大公开赛中的第二站比赛。

5. 温布尔登草地网球锦标赛

温布尔登草地网球锦标赛创办于1877年，是现代网球史上最早举办的赛事。比赛设在伦敦西郊温布尔登，于每年6月底7月初举行，它是四大公开赛中的第三站比赛。温布尔登锦标赛是在草场上进行的，它适合发球上网型的选手，比赛球速很快。

6. 美国网球公开赛

美国网球公开赛首届比赛于1881年在罗德岛纽波特的娱乐场内举行，1968年被列为四大公开赛之一，在每年的8—9月举办，它是四大公开赛中的最后一站比赛。由于美国网球公开赛的高额奖金、美国社会的高度商业化以及采用中速硬地场地，吸引了世界众多高手前来参赛。

7. 网球年终总决赛

年终总决赛是指ATP（男子）、WTA（女子），每年年末举行的世界锦标赛，世界网球顶尖高手的年终排名将由此决定。

第五节　乒　乓　球

乒乓球运动的特点是球体轻、速度快、旋转变化多、富有技巧性和趣味性。准确击球,对练习者的感觉、反应、控制和调节能力有较高的要求。因此其对视觉的敏锐性、神经系统的灵活性以及身体各方面的素质有着很大的锻炼价值。

一、乒乓球运动的起源与发展

乒乓球运动的起源与网球运动的发展有着密切的关系。在 19 世纪初欧洲网球运动的盛行为乒乓球运动的诞生打下了良好的基础。乒乓球最早叫“桌上网球”,从这个命名可以看出,网球是乒乓球运动的前身。乒乓球运动最早是一种宫廷游戏,在欧洲一些贵族间作为娱乐活动,后来逐渐传入民间。1890 年前后出现赛璐璐制成的球,由于球与球拍撞击时发出“乒”而落台时发出“乓”的声音,故称“乒乓球”。

乒乓球被中国人视为“国球”。20 世纪早期,随着中国和日本之间的交流日益频繁,乒乓球被从日本引入中国。1925 年,中国和日本的乒乓球运动员之间开始比赛。自从 1959 年容国团获得第一个世界乒乓球冠军以来,中国乒乓球队已经在世界各主要赛事中获得 100 多个世界冠军,包括包揽五次世界乒乓球锦标赛和三次奥运会乒乓球比赛的全部金牌。这在世界体育的历史上是极为罕见的。

二、乒乓球运动基本技术

乒乓球的基本技术主要包括:准备姿势、基本步法、发球、接发球、正手攻球、反手攻球等。打乒乓球每次击球前必须集中全部注意力,判断清楚来球的落点、速度和旋转性质;然后迅速移动步伐,选择合理的击球位置;采用相应的击球动作,将来球准确有效地回击过去。这就要求在击球前保持较好的准备姿势。较好的准备姿势应当有利于快速起动,有利于照顾全台,有利于采用各种技术回击来球。

(一)准备姿势

准备姿势包括身体姿势和站位两个部分。两脚开立与肩同宽或比肩稍宽,两膝微屈，前脚掌着地（主要以脚内侧蹬地），重心置于两脚之间，上体略前倾、收腹，持拍手臂自然弯曲，非持拍手臂自然弯曲于身体左侧，两眼注视来球。

直拍左推右攻打法的站位，一般是左脚稍前于右脚，左脚位置基本处于球台左边线的延长线上。身体与球台端线的距离约为40厘米。

横拍两面拉打法的站位，左脚可略前于右脚，或两脚基本平行，左脚位置基本处于球台左边线的延长线上。身体与球台端线的距离约为65厘米。

防守型打法（包括削、攻结合打法）的站位是两脚基本平行，左脚位置处于球台左边线的延长线上。身体与球台端线的距离约为1米。

（二）握拍方法

握拍方法有直拍和横拍两种。这两种握拍法又由于打法特点不同而在具体握法上有所差别。

1. 直拍握拍法

球拍柄右侧贴在食指的第三关节处，以食指的第二关节压住球拍的右肩，食指的第一关节自然向内弯曲，拇指的第一关节压住球拍的左肩（拇指与食指之间的距离要适中）。其他指自然弯曲斜重叠，以中指第一指节托于球拍背面，使球拍保持平稳。

2. 横拍握拍法

横拍攻击型和防守型的握拍方法基本相同，但可分为浅握和深握两种。浅握以中指、无名指、小指自然地握住拍柄，拇指在球拍的正面，轻贴在中指旁边，食指自然伸直斜放于球拍的背面，虎口轻微贴拍。深握与浅握的握法基本相同，但虎口紧贴球拍。这两种握法，正手攻球时食指要用点力，也可将食指往上移动一些帮助压拍。反手攻球或快拨时，拇指要用点力，也可将拇指往上移动一些帮助压拍。正、反手削球时，手指基本不动。

（三）乒乓球运动基本技术口诀

准备姿势：立足肩宽微提踵，屈膝弯腰莫挺胸，拍置胸前眼注视，准备移动体放松。

发球：伸掌抛球向上空，球落击法有多种，上下侧旋擦球面，长短轻急力不同。

接发球:准备姿势接发球,来球旋转反向送,上旋推挡下旋搓,长抽短吊争抢攻。

正手攻球:切忌抬肘握拍松,前臂向前向上动,左脚稍前体右转,倾拍一般击球中。

反手攻球:前臂搁胸臂贴胸,肘为轴心手腕动,左脚移后腰左转,倾拍斜击球上中。

推挡球:推挡多用反手力,动作犹似反手攻,前臂发力向前下,倾拍推挡球上中。

搓球:拍先后仰后平送,向前摩擦球下中,手腕配合小臂动,球转不转靠腕动。

削球:判断来球先移动,屈膝转体引拍送,先仰后平擦球底,向前下作弧形动。

弧圈球:挥拍力向前上冲,薄擦球面位上中,越薄越转成弧圈,擦面要宽力要重。

回击弧圈球:倾拍盖住球上中,及时调拍心放松,削击移拍上而下,短促截球位偏中。

放高球:离台抖切球下中,高抛物线前上送,远吊对方左右角,越高远转越成功。

杀高球:球弹高起莫着急,移位待落额上空,手臂环转向前压,亦可斜砍球侧中。

滑板球:拍向右前似击球,手腕突转向左送,斜擦球左侧力抽,声东击西奏奇功。

短球:对方离台宜短吊,貌似长拍宜轻送,拍平减力轻递球,竖板轻挡亦可用。

步法:练球切忌丢步法,击球应先步移动,先动后打是关键,步法混乱手法空。

三、乒乓球运动基本战术

1. 发球抢攻战术

发球抢攻是我国直板快攻打法的“杀手锏”,是力争主动、先发制人的主要战术。各种类型打法的运动员都普遍采用发球抢攻来抢占每个回合的上风。发球战术运用的效果主要取决于发球的质量和第三板进攻的能力。发球抢攻战术因打法的类型不同而有所差异,但常用的发球抢攻战术主要有:正手发转与不转;侧身正手(高抛或低抛)发左侧上(下)旋球;反手发右侧上(下)旋球;反手发急球或急下旋球;下蹲式发球。

2. 接发球战术

接发球战术与发球抢攻战术同样重要,接发球水平的高低可以反映运动员的实战能力以及各项基本技术的应用程度。事实上,接发球者只是暂时处在被控制状态,如果破坏了发球者的抢攻意图或者为他制造了障碍，减弱了对方抢攻的质量，也就意味着已经脱离被控制状态，变被动为主动了。常用的接发球战术有：稳健保守法；接发球抢攻；盯住对方的弱点处，寻找突破口；控制接发球的落点，正手侧身接发球。

3. 搓攻战术

搓攻战术是进攻型打法的辅助战术之一，主要利用搓球旋转的变化和落点的变化为抢攻创造机会。这一战术在基层比赛中被普遍采用。搓攻战术也是削球型打法争取主动的主要战术之一。常用的搓攻战术有：慢搓与快搓结合、转与不转结合、搓球变线、搓球控制落点、搓中突击、搓中变推或抢攻。

4. 对攻战术

对攻战术是进攻型打法在相持阶段常用的一项重要战术。快攻类打法主要依靠反手推挡（或反手攻球）和正手攻球（或正手拉弧圈球）的技术，充分发挥快速多变的特点来调动对方。常用的对攻战术有以下几种：紧逼对方反手，伺机抢攻或侧身抢攻、抢拉；压左突右；调右压左；攻两大角；攻追身球；变化击球节奏，加力推和减力挡结合，发力攻、拉与轻打轻拉结合，也可造成对手的被动局面；改变球的旋转性质，如加力推后、推下旋；正手攻球后，退至中远台削一板，对方往往来不及反应，可直接得分或创造机会球。

5. 弧圈球战术

由于弧圈球战术把速度和旋转有效地结合起来，稳健性好，适应性强，许多著名选手已用它去替代攻球或扣杀，常用的战术有：发球抢攻、接发球果断上手、相持中的战术运用。

四、乒乓球运动主要赛事

1. 奥运会乒乓球比赛

在国际乒联的努力下，乒乓球比赛在第24届汉城奥运会上首次成为正式比赛项目，2012年伦敦奥运会设男子单打、女子单打、男子双打、女子双打和男女团体六枚金牌。

2. 世界乒乓球锦标赛

世界乒乓球锦标赛是国际乒联组织的主要比赛，只有国际乒联的成员才能报名参加。比赛设7个流动杯:斯韦思林杯(男子团体赛)、考比伦杯(女子团体赛)、勃莱德杯(男子单打)、盖斯特杯(女子单打)、伊朗杯(男子双打)、波普杯(女子双打)、赫杜塞克杯(混合双打)。

3. 世界杯乒乓球赛

世界杯乒乓球赛是国际乒联举办的另一个高级别比赛,比赛每年举行一届,1996年前,仅设男子单打一个项目。第一届世界杯乒乓球赛于1980年在中国香港举行,中国运动员郭跃华获得冠军。1996年增设女子单打项目,中国运动员邓亚萍夺得第一个世界杯冠军。

第六节　羽　毛　球

羽毛球运动是深受广大群众喜爱的小型球类运动。它既是一项技巧性很强的竞技性比赛项目,也是一项普及性很强、老少皆宜的健身活动。它的运动器材简单,不受场地限制,只要有两个拍子、一个球和一小块空地,就能进行活动和锻炼。无论是从事竞技性运动,还是一般性的大众健身活动,都需要在场上不停地移动、跳跃、转体、挥拍击球。因此,青年男女经常进行羽毛球锻炼,能促进生长发育,提高身体各方面的机能;培养不怕困难,不甘落后,顽强拼搏的精神;促进身心健康。

一、羽毛球运动的起源

现代羽毛球运动诞生于英国,在公元1800年左右,由网球派生而来。1870年,出现了用羽毛、软木做的球和穿弦的球拍。1873年,英国公爵鲍弗特在格拉斯哥郡伯明顿镇的庄园里进行了一次羽毛球游戏表演。从此,羽毛球运动便逐渐开展起来,“伯明顿”也就此作为羽毛球的英文名称。那时的活动场地是葫芦形,两头宽中间窄,窄处挂网,直至1901年才改为长方形。1875年,世界上第一部羽毛球比赛规则出现于印度的普那,三年后,英国又制定了更趋完善和统一的规则。1893年英国创立了羽毛球协会。1899年举行了第一届全英羽毛球锦标赛。此后,羽毛球运动逐渐从欧洲传到美洲、大洋洲、亚洲和非洲。

现代羽毛球运动约于1910年传入我国，最早在上海，随后在广州、天津、北京、成都等城市的基督教青年会和学校中有所开展。新中国成立后，羽毛球运动逐渐为群众所喜爱，并成为我国重点开展的项目之一。1953年在天津首次举办了全国比赛。20世纪70年代我国羽毛球队已跻身于世界强队之列。

二、羽毛球运动基本技术

（一）站位

运动员站在羽毛球场上的位置称为站位。站位有两种情况。一种是受限制的站位，如：发球、接发球时，运动员就必须按要求站在规定的区域内（左半区或右半区）；另一种是不受限制的站位，可根据自己或同伴（双打）的需要而选择的站位，如：单打的发球站位一般在离前发球线1米左右的中线附近，双打可根据两个运动员的具体战术需要而选择前后或左右的站位。根据对羽毛球场地的划分，又可把不受限制的站位具体分为：左半区站位、右半区站位、前场站位、中场站位、后场站位。

（二）握拍法

1. 正手握拍动作要领

（1）握拍之前，先用左手拿住拍杆，使拍面与地面垂直。再张开右手，使手掌下部靠在球拍的握柄底托部位，虎口对着球拍柄窄的一面（即对着拍柄窄面内侧的棱角线）。

（2）中指、无名指和小指并拢握住拍柄，手掌下部与拍柄末端相齐。握拍位置不宜过前或过后。

（3）拇指和食指略微前伸贴在拍柄的两个宽面上。

（4）掌心与拍柄面之间留有空隙，有助于灵活调节握拍的动作和发力。

2. 反手握拍动作要领

在正手握拍的基础上，拍柄稍外转，食指收回，拇指第一指节的内侧贴在拍柄内侧宽面上，柄端紧靠小指根部。

（三）发球和接发球

1. 发球

发球好坏直接关系比赛主动或被动，以致赢球得分或丧失发球权。发球可分为正手发球和反手发球，按发球在空中飞行弧线可分为网前球、平快球、平高球、高远球。发球时身体左肩对网，两脚分立成 L 形，重心放在右脚上，准备发球时，右手握拍向右后侧，举起肘部微屈，左手拇指、食指、中指夹住球，举在腹部右前方，准备发球击球时，先放开球，然后挥拍击球，击球时重心由右脚移至左脚上。初学者容易将球上抛或击球瞬间拍面没有正对球头，或出现切球动作，这都是错误的。

2. 接发球

两脚前后开立，身体侧对球网。一般持拍手臂在后，双膝微屈，收腹含胸，重心放在左脚。球拍举在身前，集中精力准备接球。

单打接发球站位要靠近中线，离发球线 1.5 米，而双打站位更靠近发球线，以利于接网前球或便于快攻。

对方发高远球或平高球时，可用平高球、吊球、杀球还击。对方发网前球时，可用平高球、高远球、网前球、平推球还击。如对方发球质量不好，也可用扑球还击。初学者易出现拍头低于手腕、重心偏高、身体僵直、准备动作不充分等，要多加注意。

（四）击球

击球是指运动员挥拍击球时，拍与球接触的一刹那动作。击球有如下分类。

（1）根据运动员的站位分为：站在左半区迎击对方来球叫做左半区击球，在右半区的击球叫做右半区击球，站在前场、中场、后场的击球，则分别叫做前场击球、中场击球、后场击球。

（2）根据来球高度的不同分为：上手击球（高于肩的来球，击球点在肩上）和下手击球（击球点低于肩）。

（3）根据其特点进行分类，概括起来可有以下几种技术。①后场高空击球技术：正手击高远球、反手击高远球、头顶击高远球、平高球、吊球、杀球；②前场网上击球技术：放网前球、搓球、勾对角球、推球、扑球等；③下手击球技术：底线抽球、挑球、接杀球；④中场平击球技术：正反手中场平击球、半蹲式中场平击球。

（五）基本步法

羽毛球步法是由站位、移动、击球和回位这四个环节构成的。主要步法有：交叉步、蹬跨步、前交叉跨步、垫步和腾跳步等。

三、羽毛球运动基本战术

战术与打法的关系是很密切的。在实战中,战术是根据双方的打法和场上的具体情况而定的。“以己之长,攻彼之短”是一大原则。在双方技术水平相当的情况下,正确运用战术就成了胜败的关键。所以,羽毛球运动员在抓好技术和身体素质训练的基础上,还必须重视战术训练。

羽毛球基本战术有单打战术和双打战术。单打战术包括:发球战术、接发球战术、发球抢攻战术、压后场战术、攻前场战术、四方球结合突击战术、“杀上网”和“吊上网”战术。双打战术包括:发球与接发球战术、发球抢攻战术、攻中路战术、避强打弱战术。

四、羽毛球初学者注意事项

(1)握拍手尽可能保持放松,以便最大限度地发挥手腕的力量。

(2)力争在身体前上方击球,千万不要让球落至颈部以下高度,否则回击的球就没有攻击力。

(3)在单打时,每次击球后应立即回到中心位置。在双打防守时应回到与同伴平行的位置;而在双打进攻时则应与同伴保持前后的位置;在双打发球时,发一短球后应立即向前封网,以防对手打短球回击。

(4)在单打时,除非扣球,千万不要把球打在对方的中场,尽可能打两角。

(5)单打发球要尽量高而远,双打发球要短,球的飞行路线要贴近球网的上缘,发球要多变。

(6)打高远球时,要准确地判断球的飞行方向,球要尽可能打得高而且接近对方底线。

(7)若一时不知所措或需要短暂的喘息机会,可打一高远球,然后回到本场中心位置。

(8)在前场回击高球时,应尽量采用扣球,扣球是重要的得分手段。

(9)在双打接发球时,要举起球拍迫使对方发低球,如果对方的发球过高,立即上前扑杀。

五、世界重大羽毛球赛事

1. 汤姆斯杯赛

汤姆斯杯赛即世界男子团体羽毛球锦标赛，1948 年举行第一届比赛，现为两年一届，在偶数年举行。比赛由三场单打、两场双打组成。历史上夺得汤姆斯杯冠军最多的国家是印度尼西亚。

2. 尤伯杯赛

尤伯杯赛即世界女子团体羽毛球锦标赛，1956 年开始举行第一届比赛，两年一届，在偶数年举行。比赛由三场单打、两场双打组成。历史上夺得尤伯杯冠军最多的国家是中国。

3. 世界羽毛球锦标赛

世界羽毛球锦标赛即世界羽毛球单项锦标赛，设有男、女单打，男、女双打和混合双打五个比赛项目。该比赛从 1977 年起开始为三年一届，1985 年改为两年一届，在奇数年进行，直到 2005 年止。2006 年起，锦标赛成为一年一次的赛事。但每到奥运会举办的年份，锦标赛不举办。

4. 苏迪曼杯

苏迪曼杯即世界羽毛球混合团体比赛，1989 年开始举办，两年一届，在奇数年举行，比赛由男女单打、男女双打、混合双打组成。

5. 世界杯羽毛球赛

世界杯羽毛球赛属于邀请性比赛，由国际羽联邀请当年成绩优异的选手参加。该比赛创办于 1981 年，1997 年国际羽联决定从 1998 年起改为主办有世界顶级选手参加的明星赛，并准备尝试奖金丰厚的羽毛球大满贯赛事。

6. 全英羽毛球锦标赛

全英羽毛球锦标赛由英格兰羽毛球协会于 1899 年创办。它是世界历史上最悠久的羽毛球赛事，最初由英国和英联邦国家选手参加，现在已成为全球性的羽坛大会战。

7. 国际系列大奖赛

国际系列大奖赛是国际羽联参照世界网球大奖赛办法组织的，始于 1983 年。比赛分成若干区,由许多比赛组织成系列。该比赛根据运动员在各次比赛中的成绩积分进行排名,前16名进行总决赛。

第七节　游　　泳

游泳的特点是在水中进行。水的密度是空气的800倍,导热能力、压力和阻力都比空气大。因此,游泳对人的新陈代谢、体温调节、心血管系统、呼吸系统、肌肉系统、生长发育、延缓衰老都有积极的作用。

一、游泳的起源与发展

游泳运动是男女老幼都喜欢的体育项目之一。古代游泳,根据现有史料考证,国内外较一致的看法是产生于居住在江、河、湖、海一带的古代人。他们为了生存,必然要在水中捕捉水鸟和鱼类作食物,通过观察和模仿鱼类、青蛙等动物在水中游动的动作,逐渐学会了游泳。

竞技游泳源于英国及澳洲,后来传入其他国家,19世纪中期至20世纪初,世界各国的游泳比赛开始普遍开展起来,游泳总会亦相继成立。英国业余游泳总会(前身为都会游泳总会)于1869年成立,是世界上成立的第一个国家游泳总会。在1850年至1860年间,英国与澳洲已有国际游泳比赛。竞技游泳从第一届希腊奥运会就被列为奥运会正式项目。国际业余游泳联会则成立于1908年。中国在中华人民共和国成立前即为国际泳联会员,1958年退出,1980年7月恢复会员资格。

二、游泳的基本技术

游泳分为实用游泳和竞技游泳两大类。实用游泳又分为侧泳、潜泳、反蛙泳、踩水、救护、武装泅渡;竞技游泳分为蛙泳、自由泳(爬泳)、仰泳、蝶泳。随着现代游泳运动的不断发展,人们开始研究和试验各种游泳姿势,期望以最快的速度在竞技游泳比赛中摘取金牌。下面介绍主要的游泳姿势和练习方法。

1. 蛙泳

蛙泳是模仿青蛙游泳动作的一种游泳姿势，也是最古老的一种游泳姿势。现代竞技蛙泳的技术特点是：强有力的大划臂，快而窄的鞭打蹬腿，快速连贯的呼吸配合，上体起伏较大，两臂几乎在水面上向前伸出，蹬腿有明显的腰腹动作，身体有流线型的水下伸展滑行。其基本练习方法如下。

(1)坐地上，两臂后撑，做蛙泳腿部的模仿动作。

(2)坐在池边两臂后撑，腿置于水中，两腿做收腿、翻足、蹬腿、停顿的动作(要求收腿两膝间距适当)。

(3)手持浮板做蛙泳蹬腿练习。

(4)陆上站立和水中走动，上体前倾，做蛙泳划臂练习。

(5)陆上或水中走动，做划臂与呼吸的配合。

(6)站立，两臂上举，做蛙泳臂腿配合动作(划臂、收手、收腿、上伸臂时蹬腿用单腿做)。

(7)坐池边，两腿置于水中，做蛙泳臂腿配合动作。

(8)做臂腿配合的憋气游。

(9)做两次臂腿配合一次呼吸的练习。

(10)做一次蹬腿、一次划臂、一次呼吸的配合游。

2. 自由泳(爬泳)

爬泳的历史悠久，它是古代人类在为了生存和自然界的斗争中，在水中获取藻类和鱼类食物时所采用的姿势。现代自由泳技术的特点是：身体姿势高平，采用高肘屈臂划水的晚呼吸配合技术；腿部动作，短距离采用6 次打腿，中长距离采用4 次或交叉打腿。

自由泳的基本练习方法如下。

(1)坐地上，两手后撑，两腿抬起做直腿上下打动，踝关节放松。

(2)坐池边，两手侧撑，身体重心前移至池沿，两腿伸入水中，做直腿打水，要求小腿踢水，踝关节内旋。

(3)在水中做浮板打腿或蹬池壁滑行后憋气打腿。

(4)在陆上站立或在水中走动做直臂划水，屈臂前移的练习，先练一臂，后两臂轮换。

(5)在陆上做原地踏步6次，两臂各划1次的臂腿配合练习。

(6)蹬池壁滑行后做憋气臂腿配合游。

(7)在陆上做6次踏步，划右臂头向右转换气，划左臂头回复常位憋气的配合模仿练习。

(8)做两臂各划水一次换气一次的配合游。

3. 仰泳

仰泳姿势的产生和发展也有较长的历史。1794年就有了关于仰泳技术的记载，它是当时为了在水中拖带、搬运及救护而采用的一种游泳姿势。仰泳的技术特点是：身体平衡，强有力、有规则地上下打腿，手入水点远而深，入水早，划水路线长而成S形，垂直高移臂，中交叉配合。肩带的柔韧性和灵活性对掌握和提高仰泳技术特别重要。

仰泳的基本练习方法如下。

(1)蹬池壁两臂上举成仰卧后，做打腿动作(初学者可将打水板置于头后)。

(2)两臂上举蹬离池壁打腿，做一臂划水动作。

(3)蹬池壁两臂上举仰卧打腿，一臂划水回复后再做另一臂划水动作。

(4)做仰泳完整配合练习。

4. 蝶泳

蝶泳是在蛙泳动作的基础上演变而来的。蝶泳是以两臂经空中前移形成的臂像蝴蝶展翅而得名。由于蹬腿的蝶泳不如两腿模仿海豚的上下波浪式击水蝶泳速度快，目前蝶泳打腿均采用上下波浪式击水蝶泳。蝶泳是速度仅次于自由泳的泳式。蝶泳的技术特点是：两臂屈臂划水，身体姿势高平、波浪小、频率快、呼吸晚。

蝶泳的基本练习方法如下。

(1)在水中用浮板做两腿同时上下打水的练习。

(2)在陆上站立，上体前倾做两臂同时划臂的模仿练习。

(3)在陆上站立，两臂上举，用单腿和两臂做打腿两次、划臂一次的练习。

(4)在水中用浮板做打腿两次、单臂划臂一次的练习。

(5)在陆上站立,上体前倾,做两臂同时划水与呼吸配合的模仿练习。

(6)在水中做不带呼吸或带呼吸的蝶泳练习。

三、参加游泳运动的注意事项

(1)在海边游泳要注意潮水的时间,高潮后就将退潮,要避免退潮时往回游时体力消耗过大发生意外。

(2)不要在非游泳区游泳,非游泳区水域中水情复杂,稍有大意,就可能发生意外。

(3)游泳前不要喝酒,酒后游泳体内储备的葡萄糖大量消耗,会出现低血糖;同时会因酒精影响大脑的判断能力,而增加游泳意外的发生机会。

(4)饭前饭后别马上游泳,空腹游泳会影响食欲和消化功能,也会在游泳中发生头昏乏力等意外情况;饱腹游泳亦会影响消化功能,还会产生胃痉挛,甚至出现呕吐、腹痛现象。

(5)剧烈运动后不要马上游泳,不然会使心脏负担加重;体温的急剧下降,会使抵抗力减弱,引起感冒、咽喉炎等。

(6)月经期女人不要游泳。月经期间游泳,病菌易进入子宫、输卵管等处,引起感染,导致月经不调、经量过多或经期延长。

(7)别长时间曝晒游泳,长时间曝晒会产生晒斑,或引起急性皮炎,亦称日光灼伤。

(8)游泳后不要马上进食,宜休息片刻再进食,否则会突然增加胃肠的负担,久之容易引起胃肠道疾病。

(9)高血压、心脏病患者不要游泳,如先天性心脏病、严重冠心病、风湿性瓣膜病、较严重心律失常等患者,对游泳应“敬而远之”。

(10)患中耳炎、急性眼结膜炎者不要游泳,某些皮肤病患者不能游泳,如各种类型的癣、过敏性的皮肤病等,否则不仅可能诱发荨麻疹、接触皮炎,而且易加重病情。

第八节 瑜 伽

瑜伽,原意是套车、驾驭,后来演变为"一致"、"结合"或"和谐"的意思。瑜伽是通过调整姿势、控制呼吸来使精神充分集中,以帮助人们充分发挥潜能的一种体系。瑜伽运用古老而易于掌握的技巧,完善人们生理、心理、情感和精神方面的能力,是一种达到身体、心灵与自然和谐统一的运动方式。经常进行瑜伽锻炼可以改善心肺功能、强化肌肉、减少多余脂肪、矫正不良体态、促进血液循环,还可以预防和缓解许多身心疾病,更重要的是能使紧张的身心放松下来,安定精神,消除精神疲劳。

一、瑜伽的起源

500 年前,在古老的印度,高僧们为追求进入心神合一的最高境界,经常居住在原始森林,静坐冥想。在长时间单纯生活之后,高僧们从观察生物的过程中体悟了不少大自然法则,再把生物的生存法则拿到人身上来验证,逐步地去感觉身体内部的微妙变化,于是人类懂得了和自己的身体对话,从而知道探索自己的身体,开始进行健康的维持和调理以及对疾病创伤的医治探索。几千年的实践归纳下来,逐步衍化出一套理论完整、确切实用的养身健身体系,这就是瑜伽。

二、瑜伽的基本动作

(一)呼吸方法

瑜伽深呼吸是整个瑜伽系统的基础,所有的瑜伽练习都必须建立在深呼吸的基础上。所谓瑜伽深呼吸,就是集中意识,一口一口深深地吸进新鲜空气的一种呼吸法,包括腹式呼吸、胸式呼吸和完全呼吸。这里只介绍腹式呼吸,这是瑜伽练习中运用最为普遍的呼吸方法。做腹式呼吸时可采用站姿、坐姿和卧姿,全身放松,先把肺里的气体通过鼻腔呼出,然后用鼻腔吸气,慢慢地向肺部充气。此时要鼓起腹部,慢慢地向肺里送气,同时继续平缓地吸气,待整个肺部充满气后,再用鼻腔呼气,同样是平缓地把肺里的气体全部呼出。此时一定要随着气体的呼出收紧腹部,以便把所有不新鲜的气体尽量挤出。在整个呼吸过程中,要努力建立一种和谐、缓慢的频率,使心境保持宁静,意识集中。

(二)基本姿势

1. 展臂式

这个练习刺激血液循环,有助于改善由于长时间低头工作、学习而造成的头脑昏胀的状态,帮助恢复头脑精力,并放松肩关节。

功法如下。

(1)由站立开始,两手腕在肚脐下方不远处相交叉,掌心向内,同时伸直颈项。

(2)吸气,慢慢将两手升高到头顶上,头稍后移。

(3)屏息,颈项向后弯,保持这个姿势几秒钟。

(4)然后慢慢呼气,将两臂自两侧放下,直到与地面垂直为止,同时伸直颈项,保持此姿势几秒钟,呼吸要正常。

(5)吸气,举起双臂,两手腕再次在头上交叉,同时颈项向后弯,屏息,保持这个姿势几秒钟。

(6)呼气,恢复到预备姿势。

2. 直角姿势

这个练习有助于校正驼背、脊柱弯曲和双肩下垂,同时还能消除精神紧张。

功法如下。

(1)按基本站姿站立,两脚靠拢,两臂贴于体侧下垂。

(2)两手十指相交紧握,高举过头,抬头,两眼注视相握的双手。

(3)以脊柱基座为支点向前弯身,直到背部和双腿形成直角,两眼始终注视双手。

(4)正常呼吸,保持此姿势1 分钟。

(5)恢复起始姿势,重复4 ~6 次。

3. 三角伸展式

此姿势是全面增加身体柔软性和灵活性的姿势之一,也是脊柱骨向两侧弯曲伸展的少数动作之一。

功法如下。

(1)站立,两脚尽量分开,右脚向外展90度,两臂向两侧平伸,与地面平行。

(2)呼气,慢慢向右侧弯腰,在弯腰过程中要保持两臂与躯干成90°角,向侧弯腰时避免腰部以上躯干向前弯曲。

(3)尽量向侧弯曲,保持此姿势并从一数到十。

(4)慢慢恢复到(1)的姿势,然后向左侧做同样的动作。

(5)左右两侧各做5次。

如果身体颇柔软的话,可能做到手碰触足踝或脚、双臂垂直于地面的程度。

4. 战士第一式

练习此姿势能强壮并伸展双腿;延伸脊柱,强壮颈椎,使人挺拔、向上;扩展胸部,增进深呼吸,从而对肺部有益。

功法如下。

(1)按基本站姿站立。

(2)双手合十,高举过头并尽量伸展。

(3)两腿分开,将右脚和躯体向右方转90度,左脚随着向右方略微转动。

(4)屈右膝,直到大腿与地面平行,而小腿与地面及大腿成直角,将左腿向后伸,头向上方仰起,两眼注视合十的手掌,尽量伸展脊柱,自然呼吸,保持此姿势30秒。

(5)恢复到基本站立式,按相反方向做同样的练习。

5. 战士第二式

练习此姿势能加强两腿、腰部的肌肉力量,强壮两臂,使人的平衡感增强,注意力更集中。

功法如下。

(1)按基本站姿站立。

(2)两脚大大分开,两臂向两侧平举,与地面平行。

(3)左膝挺直,右脚向右转90度,左脚则向同一方向转15~30度,头向右转,两眼注视右手手指尖,屈右膝,直至大腿与地面平行,小腿垂直于地面和大腿,保持此姿势30秒,恢复基本站立式。

(4)以相反的方向重复做练习。

6. 树式

练习此姿势能加强腿部、背部和胸部的肌肉力量,改善人体的稳定性与平衡能力,增强集中注意力的能力。

功法如下。

(1)按基本站姿站立,两脚并拢,两手掌心向内,两臂靠近大腿的外侧。

(2)将右脚跟提起到接近右大腿,脚尖向下,再使右脚贴近左大腿,双手在胸前合十。

(3)用左腿平衡全身站着,合十的双手两臂伸直,高举过头。

(4)保持此姿势30~60秒。

(5)伸直右腿,恢复基本站立姿势。

(6)交换腿重做这个练习。

7. 蛇击式

此姿势有助于发展胸部和上臂部的肌肉群,并对坐骨神经痛和腰、背部疼痛有缓解和治疗的作用。

功法如下。

(1)双手双膝着地,跪于地面,躯干与地面平行。

(2)两手紧按地面,上身后坐,臀部落到两脚跟上,额头贴在地面上。

(3)手和脚部不动,身体其他部位向前移动,至身体再也不能向前移动时为止,成俯卧撑姿势。

(4)伸直两臂,放低腹部直到两大腿接触地面,胸部向上挺起,使背部呈凹拱形,两眼向上方看,正常呼吸。

(5)保持10~20秒,然后慢慢按反过来的程序做,恢复预备姿势。

(6)整个动作重复6~8次。

8. 曲展式

此姿势能锻炼背部,增强脊柱弹性,加强下背部力量,减少腰背的疼痛;使整个身体都得以伸展,有助消除腰、腹、腿部的多余脂肪;刺激血液循环,收缩腹部器官,有益于肾脏、肝脏、脾脏和各种内分泌腺体。

功法如下。

(1)平直仰卧，两腿伸直并放松，两脚并拢，两臂平靠体侧，掌心向下。

(2)上身不动，两掌用力向下按，收缩腹部肌肉使两腿举起，举到与躯干垂直为止。

(3)两腿继续向后摆，当两脚伸过头后，臀部和背部离开地面。

(4)如果可能的话，继续将两腿向后伸，并向下降，使脚趾碰到地面，保持此姿势30～60秒，缓慢而有规律地呼吸。

(5)从这个姿势恢复常态的方法是膝部弯曲，然后一节脊椎接一节脊椎“展开”卷曲的身躯，直到臀部再次贴在地面上，头部不要离开地面，颈项可轻微拱起，在臀部接触地面后，双腿就可以伸直，然后顺势放下来。

注意：做整个动作时要根据自己身体的柔软程度，在不感到吃力的情况下尽力多做，然后停住，保持这个姿势。

三、练习瑜伽的注意事项

1. 练习冥想

冥想是种意识状态。当练习冥想时，要尽量让自己内心安静下来，把精神集中在体内。冥想可以有效舒缓紧张的肌肉和神经，恢复能量。通过练习冥想，可以提高注意力，使心情平和。

2. 了解体能

练习瑜伽姿势之前，要了解自己的体能有多大，这是非常重要的。千万不要勉强自己做一些自身体能所不及的姿势或者过度的运动量。

3. 循序渐进

要取得瑜伽练习的成功，还必须掌握正确的方法。对瑜伽练习的每一步骤都要谨慎从事，不可操之过急，练习过程中要配合呼吸，动作要尽量舒缓，要保持整体动作的平衡。

4. 练习时间

清晨、早饭之前是瑜伽锻炼的最佳时间，傍晚或是其他时间也可练习，但要保证空腹或完全消化以后进行。大体上是饭后4小时，喝入流质食物或饮料可在半个小时后练习，练习后1小时进食比较科学。在练习瑜伽后至少过15分钟再沐浴。争取每天都在同一个时间练习。

5. 练习时的着装

练习瑜伽时宜穿舒适宽松的服装，一般最好是赤脚，如果觉得太冷，可以穿棉质的短袜。

6. 辅助设施

练习瑜伽不需要什么特殊的设施，可以买条垫子，如果有地毯，铺条大毛巾就可以了；垫子要有支撑性，太软或太硬都不好，千万不能让脚下打滑。在室内练习，需要一个开阔的空间，没有家具妨碍。室内要有舒适的温度，没有外来干扰。摘去首饰、手表、眼镜、隐形眼镜等物，使身体更舒适自然。

第九节 健 美 操

健美操是在音乐伴奏下，以身体练习为基本手段，以有氧运动为基础，达到增进健康、塑造形体和娱乐目的的一项体育运动。它对增强体质、培养审美能力、矫正体形、陶冶情操、调节心理等有良好的作用，尤其是在培养大学生的终身健身意识、体育锻炼的习惯及掌握体育技能等方面具有显著效果。

一、健美操的起源与发展

现代健美操运动起源于20世纪70—80年代，英文原名"Aerobic"，译为有氧运动。19世纪末20世纪初，欧洲出现了诸多体操流派，它们的理论和实践各具特色，对后来健美操的发展有一定的作用和影响。1969年杰姬·索伦森综合了体操和现代舞，创编了健美操。这种操带有娱乐性，简单易学，深受人们的欢迎。1981年，以美国明星简·方达个人的健身经验和体会编辑出版的《简·方达健身体操》一书和录像带引起轰动，这对健美操在全世界的发展和流行起到了积极的、巨大的推动作用。简·

方达从节食、药物等减肥法的失败中吸取教训，走上了以体育锻炼特别是用健美操来保持形体美的道路。她是现代健美操的创始人之一，也是20世纪80年代风靡世界的健美操的杰出代表，她的健身思想影响了人们的体育行为和健身健美操的发展方向。

1983年美国举行了首届健美操比赛，1984年首届远东区健美操大赛在日本举行。由于两次大赛的成功，1984年起健美操运动在世界各地全面兴起。每年国际上举办的健美操活动有健美操世界锦标赛、世界杯赛、世界冠军赛、世界巡回赛等。世界性的健美操热传到我国是在20世纪80年代初。那时，随着我国教育制度改革的不断深入，"美育"教育逐渐在学校教育中占有一席之地，因此，健美操的引进与兴起为我国美育教育提供了一个重要手段。1981—1983年，在健美操传入我国初期，不少高校教师陆续在报纸杂志上刊登了一些介绍健美操和探讨美育教育的文章，从此，追求人体健与美的"健美操"一词迅速被广大体育工作者所采用。1984年，北京体育学院成立了健美操研究组，由其编排并推出的"青年韵律操"传遍全国各大学，无数青年学生投入了学习"青年韵律操"的热潮，使健美操迅速在我国各大学得到普及。此后，许多高校将健美操内容列入教学大纲，健美操成为一项重要的体育教学内容，各种健美操教材也陆续出版，并促进了健美操的理论研究。1987年，北京举办了首届全国健美操邀请赛，随后1988、1989、1990、1991年先后在北京、贵阳、昆明、北京举办了四届邀请赛；1992年起改名为全国锦标赛，成为每年举办的传统赛事。另外，1992、1995年在北京举办了两届全国健美操冠军赛。1998年，举办了全国锦标赛暨全国健美操运动会。

二、健美操的分类

1. 健身性健美操

健身性健美操的主要练习目的是"锻炼身体、保持健康"。其中又包括提高心肺功能，改善身体有氧代谢能力的有氧操；练习肌肉控制，改善不良姿态，培养良好气质风度的形体操；以保持肌肉外形，防止肌肉退化为主的力量操；以减少关节负荷，利用水的阻力达到锻炼目的，并以中老年及康复病人为主要对象的水中操等。由于健身性健美操的唯一练习目的就是"健身"，因此它的动作简单，实用性强，音乐速度也较慢，且为了保证一定的运动负荷和锻炼的全面性，动作多有重复，常以对称的形式出现。健身性健美操的练习时间一般为一个小时左右，在练习的要求上根据个体情况而变化，严格遵循“健康、安全”的原则，防止运动损伤的出现，在保证安全的基础上，达到锻炼身体的目的。

2. 表演性健美操

表演性健美操的主要练习目的是“表演”，它是事先编排好的、专为表演而设计的成套健美操，时间一般为 2 ~ 5 分钟。表演性健美操的动作较健身性健美操动作复杂，音乐速度可快可慢，并为了保证一定的表演效果，动作较少重复，也不一定是对称性的。在参与的人数上可是单人，也可是多人，并可在成套操中加入队形变化和集体配合的动作。表演者可以利用轻器械，如花环、旗子等，还可采用一些风格化的舞蹈动作，如爵士舞等，以达到烘托气氛，感染观众，增加表演效果的目的。因为表演性健美操的动作比健身性健美操的动作复杂多变，所以对参与者的身体素质要求较高，不仅要具备较好的协调性，还要有一定的表演意识和集体配合的意识。

3. 竞技性健美操

竞技性健美操的主要目的是“竞赛”，其比赛项目有男单、女单、混双、三人和六人。竞技性健美操在参赛人数、比赛场地、成套动作的时间等方面都必须严格按照规则进行，规则对成套动作的编排、动作的完成、难度动作的数量等也都有严格的规定。由于竞赛的主要目的就是要取胜，因此在动作的设计上更加多样化，并严格避免重复动作和对称动作。近年来，运动员为争取好成绩，均在比赛的成套动作中加入了大量的难度动作，如各种大跳成俯撑、空中转体成俯撑等，这样对运动员的体能、技术水平和表现力均提出了更高的要求。

三、健美操基本动作

（一）基本步伐

健美操基本步伐是体现健美操练习者下肢动作基本姿态的主要练习手段，根据动作的特点及运动强度差异，健美操的基本步伐分为以下 16 大类。

1. 弹动

形式：有并腿的弹动、分腿的弹动。

种类:有膝弹动、膝踝弹动、踝弹动三种。

方向:有向前的弹动,向左前、右前45°角方向的弹动,左、右绕的弹动。

技术要点:两膝与踝关节自然屈伸。

2. 踏步类

踏步类动作运动强度较低,要求在运动过程中至少有一只脚与地面保持接触。常见的步伐如下。

种类:有脚尖不离地的踏步,脚离地的踏步,高抬腿的大幅度踏步三种。

形式:有原位踏步,移动踏步及转体的踏步。

方向:有向前、后、左、右走的踏步。

技术要点:落地时,由脚尖过渡到脚跟着地,屈膝时,胯微收,两臂自然前后摆动。

3. 走步

种类:一种。

形式:一种。

方向:有前走、后走、斜向走、弧形走。

技术要点:基本上同踏步。

4. “V”字步

种类:有正“V”字步,倒“V”字步两种。

形式:有平移的、转体的和小幅度跳的正“V”字步和倒“V”字步。

方向:有左、右腿的正“V”字步和倒“V”字步。

技术要点:一脚迈出,另一脚随之迈出成一条平线,两脚距离略比肩宽,两膝自然弯曲,然后依次收回。

5. 恰恰步(水兵步)

种类:一种。

形式:有平移的和转体的恰恰步两种。

方向:有向前、向后、向侧的恰恰步。

技术要点:在二拍节奏中,快速踏步3次。

6. 并步类

常见的并步类步伐如下。

1)点地

种类:有脚尖点地、脚跟点地两种。

形式:有原位点地、移动点地及转体的点地。

方向:有脚尖向前、侧、后、斜方向的点地,脚跟向前、侧、斜的点地。

技术要点:点地时,有弹性地点,腿自然伸直。

2)移重心(经半蹲左右)

种类:有双腿、单腿移重心两种。

形式:有原位的移重心,移动的移重心,转体的移重心,跳的移重心。

方向:有向前、后、左、右的移重心。

技术要点:身体重心从一端移向另一端时,必须经两腿之间。

3)并步

种类:有两腿同时屈的、一直一屈的并步两种。

形式:原位的并步;移动的并步("之"字步);转体的并步。

方向:有向前、后、左、右的并步。

技术要点:一脚并于另一脚,重心要随之移动,两膝自然屈伸。

4)交叉步

种类:一种。

形式:有平移的交叉步,转方向的交叉步,小幅度跳的交叉步。

方向:有向前、向后、向侧的交叉步。

技术要点:一脚迈出,另一脚在前或在后交叉,重心随之移动。

7. 弓步类

种类:有静力性弓步与动力性弓步两种。

形式:有左右弓步移重心的弓步,移动的弓步,转体的弓步,跳的弓步。

方向:有上步弓步,后撤弓步,向侧伸弓步。

技术要点:一腿屈膝,脚尖与膝垂直;另一腿伸直,重心落于两腿之间。由于弓步的形式很多,因此在做法上有所不同。

8. 半蹲类

种类:有小分腿半蹲与大分腿半蹲两种。

形式:向侧一次;向侧两次;转体。

方向:向侧(左右)。

技术要点:半蹲时,立腰。

9. 吸腿类

种类:一种。

形式:有原位吸腿及跳、移动吸腿及跳和转体吸腿及跳。

方向:有向侧、向前的吸腿及跳。

技术要点:大腿用力上提,小腿自然下垂。

10. 弹踢类

种类:一种。

形式:有原位的弹踢腿及跳、移动的弹踢腿及跳和转体的弹踢腿及跳。

方向:有向前的 forward skip 、向侧的 side skip、向后的 back skip 弹踢腿及跳。

技术要点:大腿抬起至一定角度后,小腿自然弹直。

11. 开合跳

种类:有双起双落的开合跳(两次开开合合、连续开合)与单起双落的开合跳两种。

形式:有原位的开合跳,移动的开合跳和转的开合跳。

方向:向前的开合跳。

技术要点:分腿时,两脚自然外开,膝关节沿脚尖方向弯曲;跳起与落地时,注意屈膝缓冲。

12. 踢腿类

种类:有弹动踢腿与一般的直踢腿两种。

形式:有原位的(弹)踢腿及跳,移动的(弹)踢腿及跳和转体的(弹)踢腿及跳。

方向:有向前的、向侧的、向斜前的(弹)踢腿及跳。

技术要点:腿上踢时,须加速用力;立腰时,上体尽量保持不动。

13. 后踢腿跳

种类:一种。

形式:有原位的后踢腿跳,移动的后踢腿跳,转体的后踢腿跳。

方向:向后的后踢腿跳。

技术要点:髋和膝在一条线上或后提,小腿尽量叠于大腿。

14. 点跳

种类:一种。

形式:有原位的点跳,移动的点跳,转体的点跳。

方向:有向侧、向前、向后的点跳。

技术要点:点地时身体重心在一条腿上。

15. 摆腿跳

种类:一种。

形式:有原位的摆腿跳,移动的摆腿跳和转体的摆腿跳。

方向:有向侧、向前、向后的摆腿跳。

技术要点:摆腿时上体顺势前倾、后倒或侧倾。

16. 并跳

种类:一种。

形式:有移动的并跳,转体的并跳。

方向:有向前、向后的并跳。

技术要点:一腿迈出蹬地,另一腿并上,身体重心随着跟上。

注:①种类是根据动作的特点划分的;②形式是根据做动作时身体位置发生的变化来划分的;③方向是根据身体轴面来划分的。

(二)常用手型

(1)掌型:五指伸直并拢。

(2)拳型:握拳,拇指在外。

(3)五指张开型:五指用力伸直张开。

(三)上肢动作

(1)举:臂伸直向某方向抬起。

(2)屈臂:前臂与上臂角度不断减小。

(3)伸臂:前臂与上臂角度不断增大。

(4)屈臂摆动:屈肘在体侧自然地摆动,可依次和同时进行。

(5)胸前推:立定,臂由肩部向前推。

(6)冲拳:屈臂握拳,由腰间猛力向前出拳。

(7)肩上推:立定,屈臂由肩部向上推。

(8)摆动:以肩关节为轴,手臂在180度以内的运动称为摆动。

(9)绕和绕环:以肩关节为轴,手臂在180~360度之间的运动为绕,大于360度以上的圆周运动为绕环。

(10)交叉:两臂重叠成×形。

四、健美操的练习常识与注意事项

(1)做健美操前应先进行准备活动,使关节、韧带、肌肉温度升高,增加身体灵活性,提高神经系统兴奋程度和心血管活动水平,从而防止运动伤害的发生。

(2)锻炼者要根据自身体质安排健美操运动的时间、强度、练习组数等。有慢性病的人要在医生的指导下进行锻炼,心血管疾病患者应减少剧烈运动,避免快速旋转头部和突发性动作,患重感冒时最好停止健美操运动。

(3)在锻炼过程中应注意及时补充水分,以保证身体健康和肌体正常运转的需要。补充水分的方法最好是少量多饮,随时保持体内水的平衡。

(4)一般进食后间隔两个小时才可进行健美操锻炼。因为进食后胃中食物充盈,立即运动会影响消化,容易出现腹痛、恶心等症状。而且运动前应吃些易于消化的食物,运动后应休息30分钟后再进食。

(5)不能空腹进行锻炼。如果长期空腹锻炼,会导致体重急剧下降,脏器功能受损,产生疾患,影响健康。

(6)选择有弹性、纯棉、柔软、舒适的服装。鞋子不仅要大小合适,而且要有衬垫,并具备一定的弹性和弯曲性,切忌穿高跟鞋和厚底鞋。

第十节 街 舞

街舞具有即兴、率真、轻松与激情活力的特征，这与街舞动感的节奏、尽兴的翻腾和宽松的着装有关。它没有特别固定的风格和模式，每个人跳出来的感觉都不一样，容易释放自己。街舞所涉及的肢体动作夸张、爆发力强，在身体多部位动作连贯组合的情境下，对小关节和小肌肉运动较多，可以增进平时一般锻炼时不容易活动到的肌肉部位的弹性，起到减肥效果；街舞对身体协调性、灵活度的提高也有一定帮助，可以使人的身体比例更趋合理。

这个项目比较青春，也比较有活力，强度相对来说比较大，所以尤其适合年轻人。

一、街舞的起源与发展

Hip-Hop 是各种街舞的总称，包含了机械舞、霹雳舞等。它起源于美国街头舞者的即兴舞蹈动作。这些街头舞者以美国黑人或是墨西哥人为主，流行的街舞多半发源于美国纽约的布鲁克林区，一些美国黑人或是墨西哥人的孩子们成天在街上以跳舞为乐，形成各种派系，也很自然地在他们所跳的舞蹈上发展出不一样的模式。

1992 年，出现了一种“原地性的 Hip-Hop”，它没有那些大幅度的动作和脚步移动，更没有霹雳舞中那些在地上类似体操的动作。它的独有风格在于注重身体的协调性，重视身体上半身的律动及增加了许多头部、手部的动作。在迈克・杰克逊、玛丽亚・凯利、后街男孩的 MTV 中都可以看到这种新风格的舞蹈。

在专业健美操运动员的日常训练中，常用这种 Hip-Hop 来训练运动员的协调性、表现力等综合素质，有时也会用做表演。街舞的外在表现时尚，运动强度适中，所以它进入健身房便成为可能。不过健身房的街舞在动作的选择上更注重安全性、锻炼价值、健康向上及个性的表现力，所以练习者在消耗脂肪的同时，也缓解了精神压力。很多人认为健身房里的 Hip-Hop 对于调节练习者的心理所起的作用更为突出。因此，有人称之为“唯一让人带着笑容进行训练的运动”。

二、街舞的种类

Hip-Hop 是人们最常接触的一种街舞，它有着幅度大而简单的舞步，能够表现出复杂的舞感。因为它容易学习，跳起来也相当好看，所以很受大众喜爱。

机械舞（Poping）运用身体各部位的肌肉和关节，随着音乐的节拍，加上自己丰富的想象力，创造出令人惊讶的舞步，属于难度较高的街舞类型。

霹雳舞（Breaking）也是一种难度较高的舞步，大体上可以分为两种类型：用手、头、身体在地上旋转，称为大地板；在地上踩出复杂变化的脚步动作，加上刁钻的倒立，称为小地板。当然，跳舞的同时也可以随意去搭配自己所想表现的动作。

自由组合式街舞（Free style），这是一种出神入化的舞步，它将各种类型的舞蹈混合在一起，随心所欲地表现，没有舞蹈风格的限定，脱离一般舞蹈的规范，可以说是一种个性化的街舞。

浩室舞步（House），这是随着 House 音乐，运用复杂而神奇的步伐表现的一种舞步，它可以加上拉丁舞的扭腰、武术的空翻、踢踏舞的基本舞步以及芭蕾的转圈，跳起来既可以十分优雅，也可以相当狂野。

三、Hip-Hop 的基本步伐

1. 路步

（1）右腿屈膝抬脚，上体收腹向下压；

（2）落右腿向下踩，上体展腹抬起，音乐重拍落在右脚展腹的动作上。

2. 侧向路步

（1）右腿屈膝抬起，上体收腹向下压；

（2）向右侧落右腿，同时上体展腹抬起；

（3）左腿屈膝抬起，同时上体向下压收腹；

（4）向右侧落左脚并右腿，同时上体抬起展腹；

（5）换腿重复上述动作，回到起点。

3. 侧滑步

（1）右腿向右侧迈出一步，双臂自然打开，同时左腿向右跟步侧滑；

（2）左腿原地踏步一次；

(3)换腿重复上述动作,回到起点。

4. 哈哈步

(1)提右膝;

(2)落右膝,同时提左膝;

(3)落左膝,同时提右膝,使重拍落在最后提右膝前压身体的动作上;

(4)换腿重复上述动作,回到起点。

5. 提膝

(1)提右膝,同时上体收腹前压,使重拍落在收腹动作上;

(2)落右膝,同时上体抬起,展腹;

(3)换左膝重复上述动作。

6. 交叉步

(1)右腿向右侧踏步一次;

(2)左腿踏步落在右腿后侧;

(3)换腿换方向重做上述动作。

四、学习街舞的注意事项

1. 服装的要求

服装要吸汗,上身可以选择宽松T恤,女性可以选择紧身有弹力的上衣。下身穿休闲长裤或短衣裤。鞋只要穿着舒适,是运动款的鞋都可以,选择吸汗透气的袜子,切记不要穿体操鞋或丝袜。自由个性的打扮绝对可以帮助你在舞动的过程中更好地找到感觉。

2. 重视形体训练

任何舞蹈都是讲究形体艺术的运动项目,要求舞者所做的每个动作,以至于他们的举止都能唤起人们的美感,愈美愈好,街舞也不例外。姿态是检验舞者“美的意识”强弱的主要标志,而培养“美的意识”的重要方法,是由掌握各种规范动作开始的。为此,必须注重形体训练,更何况许多动作不经严格的专门训练是难以完成的。

3. 适宜的运动量

刚开始学习街舞时,切不可一下子就加大运动量,要循序渐进。通常是先做热身活动，将身体的各个关节、韧带，尤其是膝、踝关节充分活动开，以免跳动时损伤。

五、Hip-Hop 的健身价值

Hip-Hop 动作爆发力强，多以绕环和小关节的运动为主，因此能较好地改善练习者的协调能力，并且使身体不常运动到的小关节和小肌肉群得以充分锻炼。加之运动强度适中，具备有氧运动的效果，街舞可以使练习者在提高心肺功能的同时，达到减肥的目的。练习者还可以根据自身的身体状况和运动基础，选择不同节奏的音乐来调整运动的强度。

第十一节　体育舞蹈

体育舞蹈是集体育、音乐、舞蹈于一体的新型体育运动项目。其内涵丰富，风格各异，并以其独特的魅力给人以享受，可增进友谊，陶冶情操，使人们在身心等各个方面都能得到有益的锻炼。

体育舞蹈分两个项群，10 个舞种。其中现代舞（摩登舞）项群含有华尔兹、维也纳华尔兹、探戈、狐步和快步舞，拉丁舞项群包括伦巴、恰恰、桑巴、牛仔和斗牛舞。每个舞种均有各自的舞曲、舞步及风格。根据各舞种的乐曲和动作要求，组编成各自的成套动作。

一、体育舞蹈的起源与发展

体育舞蹈，又称“国际标准交谊舞”，原名称做“社交舞”，英文为“Ballroom Dance”，专用于欧洲贵族在宫廷举行的交谊舞会，法国革命后，Ballroom Dance 流传到民间至今。第一次世界大战后，美国人将该舞蹈传播到全球各地，并形成一股跳舞热潮，至今不衰。

经历一百多年的发展，“社交舞”从“社交”发展为“竞技”，由单一的舞种发展为现代舞、拉丁舞两大系列的 10 个舞种。19 世纪 20 年代后，英国皇家舞蹈教师协会对原舞种、舞步、舞姿等进行规范整理，制定比赛方法，并于 1947 年在德国柏林举行了第一届世界标准交谊舞锦标赛。

目前,世界各国将国际标准舞易名为“体育舞蹈”,欲将舞蹈运动纳入体育运动项目。拥有74个会员国的“国际体育舞蹈联合会”(IDSF)于1997年9月4日正式成为国际奥林匹克委员会会员。

我国体育舞蹈的开展受西方文化的影响。20世纪30年代交谊舞率先进入上海市,后在天津、广州等大城市广泛流行。1956年以后,交谊舞陷入困境。1979年2月,人民大会堂春节联欢会后,交谊舞复出,从此交谊舞的浪潮奔流不息,足迹遍及大江南北。1989年,中国舞蹈家协会正式成立了“中国国际标准舞总会”,90年代后改名为“中国国际标准舞学会”。1987年,举办了首届中国国际标准交谊舞比赛,1991年举行了首届中国体育舞蹈锦标赛。

二、舞种介绍

(一)现代舞

现代舞又称“摩登舞”。其经历对舞、圈舞、行列舞、集体舞等演变过程,成为流传广泛的社交舞蹈,现已发展成艺术性高、技巧性强的竞技性项目。其特点是由贴身握抱的姿势开始,沿着舞程线逆时针方向绕场行进;步法规范严谨,上体和胯部保持相对稳定挺拔,完成各种前进、后退、横向、旋转、造型等舞步动作;具有端庄典雅的绅士风度;曲调大多抒情优美,旋律感强;服饰雍容华贵,一般男着燕尾服,女着过膝蓬松长裙。

1.华尔兹舞

华尔兹舞也称“慢步”。其舞曲旋律优美抒情,节奏为3/4的中慢板,每分钟28～30小节。每小节三拍为一组舞步,每拍一步,第一拍为重拍,三步一起伏循环。通过膝、踝、足底掌趾的动作,结合身体的升降、倾斜、摆荡,带动舞步移动,使舞步起伏连绵,舞姿华丽典雅。华尔兹舞是维也纳华尔兹(快步)的变化舞种。19世纪中叶,维也纳华尔兹传到美国,当时美国崇尚舒缓、优美的舞蹈和音乐,于是将快节奏的维也纳华尔兹舞曲逐渐改变成悠扬而缓慢、有抒发性旋律的慢华尔兹舞曲,舞蹈也改变成连贯滑动的慢速步型,即今天的华尔兹舞。

2. 维也纳华尔兹

维也纳华尔兹也称“快步”。其舞曲旋律流畅华丽，节奏轻松明快，为3/4 拍节奏，每分钟56～60 小节，每小节为三拍，第一拍为重拍，第四拍为次重拍。其基本步伐是六拍走六步，两小节为一循环，第一小节为一次起伏。其基本动作是左右快速旋转步，完成反身、倾斜、摆荡、升降等技巧。其舞步平稳轻快，翩跹回旋，热烈奔放，舞姿高雅庄重。维也纳华尔兹源于奥地利的一种农民舞蹈，由男女成对扶腰搭肩共同围成一个圆圈而舞，故被称为“圆舞”。著名音乐家约翰·施特劳斯为维也纳华尔兹谱写了许多著名的圆舞曲。

3. 探戈舞

探戈舞是2/4 拍节奏，每分钟30～34 小节。每小节两拍，第一拍为重拍。舞步有快步和慢步，快步占半拍，用Q 表示；慢步占一拍，用S 表示。基本节奏是慢、慢、快、快、慢（S 、S 、Q 、Q 、S ）。舞曲节奏带有停顿并强调切分音；舞步顿挫有力，潇洒豪放；身体无起伏、无升降、无旋转；表情严肃，有左顾右盼的头部闪动动作。探戈舞源于阿根廷民间，20 世纪传入欧洲上层社会，后流行于世界各国。

4. 狐步舞

狐步舞也称“福克斯”。其舞曲抒情流畅，节奏为4/4 拍，每分钟28～30 小节，每小节为四拍，第一拍为重拍，第三拍为次重拍。其基本步伐是四拍走三步，每四拍为一循环。分快、慢步，第一步为慢步（S），占两拍；第二、三步为快步（Q），各占一拍。其基本节奏为慢、快、快（S、Q、Q）。狐步舞以足踝、足底、掌趾的动作，完成升降起伏，注重反身、肩引导和倾斜技术。舞步流畅平滑，步幅宽大，舞态优雅从容飘逸，似行云流水。20 世纪起源于欧美，后流行于全球。

5. 快步舞

快步舞舞曲明亮欢快，舞步轻快灵活，跳跃感强，是体育舞蹈中一种轻快欢乐的舞蹈。节奏为4/4 拍，每分钟50～52 小节。每小节四拍，第一拍为重拍，第三拍为次重拍。舞步分快步和慢步。快步用Q 表示，时值为一拍；慢步用S 表示，时值为两拍。其基本节奏是慢、慢、快、快、慢。舞步组合有跳步、荡腿、滑步等动作。快步舞起源于美国，20 世纪流行于全球。

（二）拉丁舞

拉丁舞中除斗牛舞外，都源于美洲各国，它的音乐热情洋溢、奔放，特具节奏感。以淋漓尽致的脚法引导律动，自由流畅。女士展现优美线条，生动活泼，热情奔放，充分表达了青春欢乐的气息；男士展现彪悍刚强，威武雄壮的个性美。舞伴之间可贴身，可分离，各自在固定范围内辐射式地变换方向角度，展现舞姿。步法灵活多变，各舞种通过对胯部及身体摆动的不同技术要求，完成各种舞步，表现各种风格。舞曲曲调缠绵浪漫，活泼热烈，节奏感强。着装浪漫洒脱，男着上短下长的紧身或宽松装，女着紧身短裙，显露女性的曲线美。

1. 伦巴舞

伦巴舞节奏为4/4 拍，每分钟27～29 小节，每小节四拍。其乐曲旋律的特点是强拍落在每小节的第四拍。舞步从第四拍起跳，由一个慢步和两个快步组成。四拍走三步，慢步占两拍（第四拍和下一小节的第一拍），快步各占一拍（第二拍和第三拍），胯部摆动三次。胯部动作是由控制重心的一脚向另一脚移动而形成向两侧作“∞”型摆动，具有舒展优美，婀娜多姿，柔媚抒情的风格。其产生与西班牙和非洲的舞蹈有密切关系，后在古巴得到发展。

2. 恰恰舞

恰恰舞节奏为4/4 拍，每分钟30～32 小节。每小节四拍，强拍落在第一拍。四拍走五步，包括两个慢步和三个快步。第一步踏在第二拍，时间值占一拍；第二步占一拍；第三、四两步各占半拍；第五步占一拍，踏在舞曲的第一拍上。胯部每小节向两侧摆动六次。其舞曲热情奔放，舞步花哨利落，步频较快，诙谐风趣。恰恰舞源于非洲，后传入拉丁美洲，在古巴得到发展。

3. 桑巴舞

桑巴舞舞曲欢快热烈，节奏为2/4 拍或4/4 拍，每分钟52～54 小节。强拍落在每小节的第二拍或第四拍。每小节完成一个基本舞步。舞步在全脚掌踏地和半脚掌垫步之间交替完成，通过膝盖上下屈伸弹动，使全身前后摇摆，并沿着舞程线绕场行进，属“游走型”舞蹈。其特点是流动性大，动律感强，步法摇曳紧凑，风格热烈奔放。桑巴舞源于巴西，是巴西一年一度狂欢节的舞蹈。

4. 斗牛舞

斗牛舞音乐为旋律高昂雄壮、鲜明有力的西班牙进行曲。节奏为2/4 拍，每分钟60～62 小节。一拍一步，八拍一循环，特点是舞步流动大，沿着舞程线绕场行进，是游走型舞蹈。舞姿挺拔，无胯部动作及过分膝盖屈伸。用踝关节和脚掌平踏地面完成舞步。动静鲜明，力度感强，发力迅速，收步敏捷顿挫。斗牛舞源于法国，盛行于西班牙，系据西班牙斗牛场面创作而成。男士象征斗牛士，气宇轩昂，刚劲威猛，女士象征斗牛士用以激怒公牛的红色斗篷，英姿飒爽，柔美多变。

5. 牛仔舞

牛仔舞旋律欢快，强烈跳跃，节奏为4／4 拍，每分钟42～44 小节，六拍跳八步，由基本舞步、踏步、并合步，结合跳跃、旋转等动作组合而成。要求脚掌踏地，腰和胯部作钟摆式摆动。特点是舞步敏捷、跳跃，舞姿轻松、热情、欢快。牛仔舞源于美国，原是美国西部牛仔跳的踢踏舞，20 世纪 50 年代爵士乐的流行，加速和完美了这种舞蹈，但风格上还保持美国西部牛仔刚健、浪漫、豪爽的气派。

三、体育舞蹈的练习方式

1. 了解各种舞的风格特点，明确所学动作的正确技术

在体育舞蹈的学习过程中，要了解体育舞蹈的历史，了解动作技术要求以及每种舞的风格、特点；掌握正确的技术动作，包括动作名称、方位，脚与膝关节的合理运用，身体姿态与所完成的动作要求相一致，步幅的大小与自己的控制能力相适应，节奏处理合理，摆胯动作正确等。这些是保证动作规范的基本要求，如不清楚或忽略了某些要求，就会使所学动作出现错误定型而较难纠正。了解了这些，才能指导自己跳好每一种舞，才能使所学动作达到规范，并不断完美。

2. 从基础练习开始

每一个初学体育舞蹈的人都必须从基础练习开始。基础练习包括身体素质练习、形体练习、基本技术练习等。通过基础练习为学舞、练舞以及不断提高自己的技术水平打下雄厚的基础。

3. 个人练习与两人交手配合练习交叉进行

男女双方技术发挥的好坏，对能否跳好体育舞蹈起着重要作用，因此要求双方必

须在各自掌握正确技术的基础上进行配合练习。

个人经过基础练习之后，开始学基本动作。初始可粗略掌握所学动作全过程，对动作有一个整体概念，双方可交手配合练习几次，体会各自在交手配合后的运行方位及完成动作的全过程。然后男女双方各自根据所学动作的正确技术，一步一步分解练习，对每一步的脚位、脚形、转体角度、头位、身位等按正确技术做到位。最后进行完整练习。双方交手配合练习主要找身体的整体感、步幅的大小一致性、脚转动与膝缓冲的协调一致性、发力时机的一致性、对节奏处理的一致性等。

另外，初练阶段不要急于求步幅。在技术水平较低、技术不完美的情况下，过于强调步幅会破坏即将形成的正确技术感觉。步幅的幅展是随技术水平的提高逐渐加大的。

第十二节　散　　打

散打是两人按照一定的规则，运用武术中的踢、打、摔和防守等方法，进行徒手对抗的现代体育竞技项目，它是中国武术的重要组成部分。散打是一项对抗性很强的运动，通过长期的散打训练，能够发展人的力量、耐力、柔韧性、灵敏性等素质；培养练习者勇敢、顽强、机智、果断、灵活的精神，进而形成成熟、稳健、积极向上的优秀品质。

一、散打的起源与发展

散打也叫散手，古时称之为相搏、手搏、技击等。散打是中华武术的精华，是具有独特民族风格的体育项目，多年来在民间流传发展，深受人民喜爱。散打从先辈的生产劳动、生存斗争缘起，服务于此，演化至今成为华夏民族灿烂文化遗产中的瑰宝。

原始社会人类为了猎取食物，长期与野兽搏斗，学会了与野兽搏斗时所使用的不同方法，如拳打、脚踢、抱摔等简单的散打技术，并学会了一些野兽猎取食物的本领，如猫扑、狗闪、虎跳、鹰翻等。春秋战国时期，散打得到了很大的发展，受到了人民的重视。

散手运动经过近二十年的总结、改进和发展，已成为现代体育竞赛项目，它本着“更快、更高、更强”的奥林匹克精神，已逐步与国际竞技体育接轨。目前，散手运动不仅在国内，而且在世界五大洲的70多个国家和地区开展和普及。

二、散打运动的特点

1. 技击技术的整合性

对传统技击术进行整理、归纳，舍弃它们的具象形态，找出其中带有共性的规律，总结出它们的基本运动形式，一种是直线形方法，另一种是弧线形方法；确定了拳法以冲、掼、抄、鞭，腿法以蹬、端、扫、摆、勾为内容的散手“击发”基本技术；摔法则根据“快摔”的要求和“无把可抓”的特点，主要把握住“破坏重心”和“抡圈”的要点，创造出“接招摔”和“夹打摔”的方法；同时把防守分为“接触式防守”和“不接触式防守”两种基本形式。

2. 对抗性

散手运动的内在特点，决定了它以相互对抗的形式来表现，所以散手的基本形式就是对抗。这种对抗，是在双方掌握了散手的基本动作和基本技术，经过一段时间的训练，在没有固定格式的情况下，在规则规定的范围内进行较技、较勇、较智，一分上下。

3. 民族性

武术散手是中华民族的优秀文化遗产，是在中国特定的社会历史条件下逐渐演变发展形成的，因此它具有鲜明的民族特色。中国散手不同于拳击，也不同于跆拳道，更不同于用头顶、肘撞、膝击的泰拳和不能用脚，只能用掉、绊、擒方法的柔道等项目。由于散手设插比试，所以又不同于西方国家有缆绳的自由搏击，也不同于日本的空手道、相扑、格斗术以及法国的忍拳等。武术散手要求“远踢、近打、贴身摔”，它的民族形式不是凝固的，也不能理解为“过去形式”、“历史形式”或“传统形式”。民族形式有鲜明的时代性，因此形式不是单一的，而是多变的、渐进的。

三、散打基本技术

1. 实战姿势

实战姿势通常也叫做预备式或格斗式，是格斗前所采用的临战运动姿势。它不仅能使身体处于强有力的状态,而且有最快的快速反应能力,利于快速移动发起进攻和防守,并且暴露面小,能有效地保护自己的要害部位。

两脚前后分开,前脚跟与后脚尖之间为一脚半距离,前脚与后脚间横向距离稍宽于肩,前脚尖略向内侧转,后脚尖朝斜前,脚跟稍离地面,两臂自然弯曲,左、右臂之间夹角约为90度,左拳置于体前略低于眼睛,拳面斜朝前,拳眼斜朝上,与右臂之间夹角应小于90度,右拳置于左肋前略高于下颚部,肘部与身体相距约一拳距离,以左肩左腹部侧向着对方,胸部略含,腹部微收,上体稍前倾,头略低,下颚微收,咬紧牙齿,闭合嘴唇,目视前方。

2. 基本步法

步法是散打格斗中身体向前后左右移动的方法。灵活而敏捷的步法,不仅是调节重心维持身体平衡的关键,也是进攻和防守占据有利位置、发挥最优攻势的基础步法,认真学习和演练是提高实战能力的重要环节。主要有进步、退步、侧跨步、闪步、盖步、插步、垫步、换步等步法。

3. 基本拳法

在散打运动中常用的拳法技术有直、摆、勾、劈、鞭拳等五种。拳法在实战中具有速度快和灵活多变的特点,它能以最短的距离,最快的速度击中对手。拳法易于结合进行训练,并且能任意配合其他技术使用。掌握得好,利用得巧妙,能给对手造成很大的威胁。

4. 基本腿法

腿法是散打技术中最重要的技法之一,在比赛中使用率最高,腿比手长,可发挥一寸长,一寸强的作用;腿粗壮有力,攻之威力大,防之有效;腿的攻击面大,容易得手,用腿攻击对方下盘比较隐蔽。因此拳家常说,手是两扇门,全凭腿打人,三分拳七分腿等,可见腿在散打中的地位。

5. 摔法

摔法是在竞技格斗中用巧妙的技法使对手倒地的方法。在格斗中,用摔法必须做到快速、果断。因为是竞技格斗,不能给对方留下喘息的机会,这样才能有效保护自己。

6. 防守法

防守是一种可以削弱对方的攻击，保护自己并能处于反击位置的方法，最终目的是在于防守后反击。准确巧妙的防守，不但能保护自己，而且能为攻击创造更好的条件。

四、注意事项

（1）充分做好准备活动，使身体有个进入状态的过程，避免发生运动损伤。

（2）压腿是训练课中的首要环节，初学者必须先过这关。为了防止受伤，压腿的方法一定要正确。在压腿过程中，千万不能急于求成，应由轻到重，不能用力过猛。

（3）在技术动作训练中应注意加强身体薄弱部位的练习。散打训练中腰部是最容易受伤的一个部位，但腰部又是一个关键的发力轴点，不管哪项技术的发力都需要腰部的带动，所以在准备活动和练习中，特别要注意腰部力量的练习。准备活动做好后，要以较轻的重量先做 1 ~2 组，让各个部位都得以适应，然后再加重练习量。

（4）在实战技术训练中，要注意反应练习和心理锻炼。在初次实战前，要先加强反应练习，然后再进行实战练习。在选择对手时应选一个与自己实力相当的对手，这样有利于培养信心。若选择的对手太强，容易产生畏惧心理，这样对以后实战技术的提高与发挥有很大影响。

第十三节　防　身　术

中华武术源远流长，已经有几千年历史了。防身术为武术之精髓，国宝之精华，犹如璀璨明珠，备受世人青睐。防身术是一项运用踢、打、摔、拿等武术技击方法，以制服对方，保护自己为目的的专门技术。它把武术中各种适合实践应用的招法分离出来，经过摘编、加工、提炼、创造、完善，使其成为一种散招。防身搏击术不同于摔跤、柔道、泰拳、跆拳道、空手道、拳击等对抗形式的体育运动，它突出了武术的“远踢、近打、贴身摔”的技术原则，独具武术踢、打、摔、拿等技术全面应用的特色。在技术上攻守严密，阴阳相兼，招式狠毒。在战术上“能而示之不能，用而示之不用，攻其不备，出其不意”。防身术能使练习者了解和掌握传统技术，发挥其散打制敌和防身自卫的作用，更好地服务于社会。

一、防身术的特点

防身术的特点体现在以下三个方面。

(1)用很少的力气，人人都可以完成。

(2)以近距离和贴身为主，不受任何规则和条件的限制。

(3)简单、实用、快捷，数秒之内即可完成。

二、防身术的技击方法和练习内容

(一)技击方法

(1)以肘关节、膝关节、指关节等为主要进攻武器。

(2)以头部、牙齿、鞋等为辅助进攻武器。

(二)练习内容

学习防身术需要从多个方面练习，具体内容如下。

(1)技术动作练习，包括手型、手法、步型、步法、腿法等。

(2)速度动作练习，包括冲、穿、跳、滚、躲等。

(3)协调动作练习，包括跳、爬、躲等。

(4)心理素质练习，包括胆量、实战、真假搏斗等练习。

(5)反应意识练习，包括眼神、手脚、身体等部位的移动速度。

(6)临场发挥练习，包括技术动作、击打部位等。

此外，平时最好参加一些武术训练，例如，散打、跆拳道等项目。通过这些训练，可以提高练习者的生理和心理素质，做到头脑冷静，临危不乱。

三、防身术的实战技法

(一)手技

1. 镖拳

(1)敌我对峙，当敌以右直拳击我头部时，我快速动步近身，向体侧闪，身体潜伏,左拳护于下颚处,使敌拳击空。接着,身体迅速站起,以镖拳猛击敌咽喉,目视敌面。

要点:闪身与下俯同时进行。

(2)当敌以直拳击我头部时,我立即移步动身,同时左手拍击敌小臂,身体微向内侧闪,右拳向前发力击出。

要点:击打时,肩前顺,臂微屈,掌握好发拳时机。

2. 贯拳

(1)敌我对峙,当敌以右直拳击我头部时,我右手快速向外搂住其小臂,使之攻击失效,同时上步近身,以左贯拳击打敌人耳根部,目视敌人。

(2)敌我对峙,当敌以右贯拳击我头部时,我迅速活步上前,双脚掌着地,俯身躲过敌拳,随即身体以腰为轴左转,力达右拳,向左猛击敌胃部,目视敌身。

3. 钻拳

(1)当敌以右镖拳或崩拳击打我胸部时,我立即重心后移,同时以左手盖压搂化其拳,使之攻击失效。然后向前上步,双脚前后呈体步,右拳向上钻击其鼻部,目视敌面。

(2)当敌以右直拳击我头面部时,我立即以小臂格挡防御,并顺势以手抓其小臂,向下按压,使敌失重前俯,同时我迅速以右钻拳击打敌鼻部,目视敌面。

要点:钻打要转腰合胯,力整劲大。

(二)腿技

1. 穿心脚

(1)设我先发制人,主动上步近身,拧腰顺肩出右拳直击其面部。如果敌以手臂向外格挡,则以右穿心脚蹬击敌心窝部,双手防护于体前。

要点:蹬击时,足尖回勾,挺膝展髋,力达足跟。

(2)设敌先发制人,向前上步以右镖拳击我头部,我立即左手向里拍击其小臂,使其攻击失效,同时右脚向前蹬敌之胸部。

2. 虎尾脚

(1)敌我搏斗时,我后脚向前垫步,同时前脚疾速提起铲击敌腿(胫骨),然后提腿向前向上端击敌肋,双手护于体侧。

要点:端击敌肋要挺膝展髋,体略前倾,身体保持平衡。

(2)当敌以右镖拳击我头部时,我立即右手向外化解,身体侧倾,右脚迅速提起,端击敌肋部,左手护于胸前,目视敌身。

3. 前崩脚

(1)当敌以左直拳击我头部时,我用右手向外圈化敌拳,左手护于下颚处,同时右脚向前弹踢敌裆部,目视敌身。

(2)设我先发制人,快速向前走步,靠近敌身,左手向前屈击敌头,接着右脚向前弹踢敌裆部,目视敌身。

(三)肘技

1. 顶肘

当敌以右直拳击我胸部时,我立即灵活上步,以右臂向外格挡,左臂回旋内收,迅速以肘顶击敌胃部,左腿锁管其脚,不使之逃脱,目视敌身。

2. 沉肘

若敌降低重心俯身前钻,以双手来抱我腿,我迅速屈膝下蹲,以肘向下击敌背后或后脑,目视肘间。

3. 撞肘

设敌在后拦腰将我双臂抱住,我立即双腿微屈,双臂前撑,挣开敌臂,腰发力,以肘向后猛击敌肋部。

(四)膝技

1. 正上膝

设敌我近身对搏,我双手前伸抓住敌肩部,并向下拉拽对方,使敌重心前倾,右膝迅速向前撞敌腹部,身体正对前方,目视敌人。

要点:下拉与顶膝同时进行。

2. 斜上膝

当敌以镖拳击我头部时,我迅速滑步侧闪,身体潜伏、躲避,左手防护下颚,右肘猛击敌心窝部位,然后双手抬起,用力拍击敌背部,右膝斜上顶击敌胃部,目视敌身。

要点：潜伏时要迅速而有章法，肘击要与潜伏近身同时进行。

3. 跪膝

设敌我搏斗，我将对手打倒在地，迅速向前近身，同时屈蹲双腿，俯身，左拳击打敌面部，右腿支撑体重，以左膝猛跪击敌小腹部，身体含胸拔背，目视敌身要点，抓发与拧臂同时进行，跪压干脆凶猛。

（五）摔技

1. 挡切摔

当敌以右镖拳击我面部时，我立即用左臂向左格挡，右脚向前别锁敌脚，右手搂敌颈，身体前俯，双手用力将敌从身侧摔下。

2. 转身摔

若敌以右拳击我胸部，我用左手格挡，并迅速上步抓其肩部，使其失去重心，左脚退步，身体后转，全身用力，将敌从右侧摔至地上。

3. 抱腿摔

当敌以右直拳击我头部时，我快速近身，双腿略下蹲，身体潜伏闪开敌拳，双手合抱敌之小腿回搬，并以肩向前冲撞敌裆部。

（六）擒拿技

1. 挑挎卸臂擒拿法

向前接近对方，速以左手向前下抓拿其右手手腕，随即推拧，右手臂由其侧下迅速向上挎挑对方肘关节。之后，身体突然向后转，左手拧臂，前推，右手由挑臂迅速变为扒肩向下按。

要点：抓拧挑臂应迅速右转，右手上挑，左手拧臂前推才能让对方手臂向后弯曲成后别状；在卸臂擒拿对方过程中，身体要尽量贴近、压伏对方，防止其挣脱反抗。

2. 防直打锁臂擒拿法

对方右拳向我头部及胸部打击时，我在其外侧闪身的同时，用右臂格架，左手右外侧迅速磕压对方肘关节，迫使其手臂前屈。与此同时，右腿向前上步后绊其右腿，左手迅速扣抓自己的右前臂，成抱锁撬臂状，抱锁下压的同时，右腿后磕。

要点：右臂向上格架的同时右手要扣腕，屈肘上抬；左手磕压的目的是让对方肘前屈。

3. 折腕砸肘

对方由前伸出左手抓我胸衣领不放，我左手扣按住敌手背，身体突然向左转，右屈臂格压下砸对方肘后关节处。

要点：左手按住敌手的同时，要用四根手指扣住对方手掌外侧，在向左突然转体过程中，左手扳旋，迫使对方手臂内旋，肘臂伸直。

四、注意事项

(1)练习防身术前要有心理准备。充分有效的心理准备可以协调人体的运动机能，使其有的放矢地全心投入运动中去，有助于技术的提高。

(2)练习防身术前要充分做好准备活动，避免意外事故的发生。练习结束后要做好放松练习，它能很好地调节练习者的生理机能。

第十四节　太　极　拳

一、太极拳的起源与发展

太极拳是中华民族传统的养生健身之术，是我国宝贵的民族遗产。它姿势优美，动作柔和，男女老幼皆宜，且不受时间和季节的限制，既能锻炼身体，又能防治疾病，受到世界各国人民的喜爱。

太极拳的运动特点：中正安舒、轻灵圆活、松柔慢匀、开合有序、刚柔相济，动如“行云流水，连绵不断”，这种运动既自然又高雅，有诗的意境。

关于太极拳的起源与创始人，众说纷纭，大致有唐朝许宣平、宋朝张三峰、明朝张三丰、清朝陈王廷和王宗岳等几种不同的说法。太极拳的来源有下列三个方面。

(1)综合吸收了明代名家拳法。明代武术极为盛行，出现了很多名家、专著和新拳种，太极拳就是吸取了当时各家拳法之长，特别是戚继光的十一式长拳而编成的。

(2)结合了道家导引、吐纳之术。太极拳讲究意念引导气沉丹田，讲究心静体松,重在内壮,所以被称为“内家拳”之一。

(3)运用了中国古代的阴阳学说和中医经络学说。以意行气,通任督二脉,练带脉、冲脉。各式传统太极拳也皆以阴阳五行学说来概括和解释拳法中的各种矛盾变化。

据武术史学家考证,太极拳最早出现于清初河南温县陈家沟。在300多年的发展过程中,经过无数太极拳名家的不断改进和创新,演变形成了陈式、杨式、吴式、武式、孙式等各种具有不同风格、特点的流派,各流派的太极拳都有自己的练拳套路。当今社会广泛流传的是二十四式简化太极拳和四十八式太极拳。

二、太极拳基本技术

(一)太极拳的基本动作

太极拳的基本动作主要包括:手型、手法、步型、步法、腿法和身型、身法。

(1)手型:拳、学、勾。

(2)手法:冲拳、搬拳、损拳、推掌、搂掌、拦掌、分掌、立云掌、穿掌、抱掌、挑掌、将、按。

(3)步型:弓步、仆步、虚步、丁步、独立步。

(4)步法:上步、退步、扣步、跟步、碾步、摆步。

(5)腿法:蹬脚。

(二)太极拳基本功练习

1. 桩功练习

桩功是指下肢固定或全身静止性的基本功练习。桩功练习包括松静桩、调息桩、起落桩、虚实桩。

2. 行步练习

行步练习是指各种步型、步法的练习。行步练习包括上步、进步、退步、侧行步、弓步、转身歇步、跟步。

3. 运臂练习

运臂练习是指各种手型、手法及肩、肘、臂、腕、手指等上肢各部位的练习。运臂练习包括分靠势、棚按势、推挤势、搂推势、架推势、损拳势、云手势。

（三）四十八式太极拳谱

1. 动作名称

起势

一、白鹤亮翅	二、左搂膝拗步	三、左单鞭
四、左琵琶	五、捋挤势（三）	六、左搬拦捶
七、左捧捋挤按	八、斜身靠	九、肘底捶
十、倒卷肱（四）	十一、转身推掌（四）	十二、右琵琶势
十三、搂膝栽捶	十四、白蛇吐信（二）	十五、拍脚伏虎（二）
十六、左撇身捶	十七、穿拳下势	十八、独立撑掌（二）
十九、右单鞭	二十、右云手（三）	二一、右左分鬃
二二、高探马	二三、右蹬脚	二四、双峰贯耳
二五、左蹬脚	二六、掩手撩拳	二七、海底针
二八、闪通背	二九、右左分脚	三十、搂膝拗步（二）
三一、上步擒打	三二、如封似闭	三三、左云手（三）
三四、右撇身捶	三五、左右穿梭	三六、退步穿掌
三七、虚步压掌	三八、独立托掌	三九、马步靠
四十、转身大捋	四一、撩掌下势	四二、上步七星
四三、独立跨虎	四四、转身摆莲	四五、弯弓射虎
四六、右搬拦捶	四七、右捧捋挤按	四八、十字手

收势

2. 动作要领

起势

①左脚开立；②两手前平举；③屈腿下蹲。

一、白鹤亮翅

①收脚抱手；②向后退步；③坐腿转腰分手；④虚步分掌 。

二、左搂膝拗步

①右手前摆；②转腰摆臂收脚；③屈臂上步；④弓步搂手推掌。

三、左单鞭

①转腰坐腿带手；②收脚抱手；③转身上步穿手；④弓步平云手；⑤坐腿转腰平云；⑥勾手收脚；⑦转身上步；⑧弓步推掌。

四、左琵琶

①跟步摆臂；②坐腿挫手摆臂；③虚步合手。

五、捋挤势（三）

（1）①移脚活步穿掌；②弓腿抹掌；③收脚捋手；④上步搭手；⑤弓步前挤。

（2）①坐腿扣脚穿手；②、③、④、⑤同（1）中②、③、④、⑤。

（3）①扣脚穿手；②、③、④、⑤同（1）中②、③、④、⑤。

六、左搬拦捶

①撇脚转腰分手；②收脚握拳；③摆步搬拳；④收脚转腰摆臂；⑤上步拦掌；⑥弓步打拳。

七、左捧捋挤按

①转腰撇脚分手；②收脚抱球；③转腰上步；④弓步捧手；⑤旋臂送手；⑥坐腿后捋；⑦转腰搭手；⑧弓步前挤；⑨坐腿引手后捧；⑩弓步前按。

八、斜身靠

①转身扣脚分手；②收脚抱手（两手成十字交叉）；③上步握拳；④弓步斜靠。

九、肘底捶

①转身摆掌；②抱手收脚；③摆步撑手；④跟步提手；⑤坐腿握拳；⑥虚步劈打。

十、倒卷肱（四）

（1）①撤手翻掌；②退步屈臂卷肱；③虚步推掌。

（2）、（3）、（4）同（1）中的动作。

十一、转身推掌（四）

（1）①撤步碾脚转身；②屈臂上步；③丁步搂手推掌。

（2）①碾脚转身；②、③同（1）中②、③。

（3）同（1）的动作，（4）同（2）的动作。

十二、右琵琶势

①向后撤步；②坐腿摆臂挫手；③虚步合手撅臂。

十三、搂膝栽捶

①撤步捋手；②上步搭手；③跟步平云手；④坐腿转腰摆臂；⑤屈臂握拳上步；⑥弓步搂膝栽捶。

十四、白蛇吐信（二）

（1）①转身提拳；②转身摆脚摆掌；③歇步推掌。

（2）①转腰摆臂；②屈臂上步；③歇步推掌。

十五、拍脚伏虎（二）

（1）①转腰展臂；②上步抡臂；③抡臂拍脚；④盖步摆臂；⑤转身上步；⑥弓步贯拳。

（2）①扣脚穿手；②、③、④、⑤、⑥同（1）中②、③、④、⑤、⑥。

十六、左撇身捶

①坐腿扣脚翻手；②弓步分手；③收脚握拳；④上步举拳；⑤弓步撇拳。

十七、穿拳下势

①撇脚转腰分手；②收脚握拳；③穿拳开步；④仆步穿拳。

十八、独立撑掌（二）

（1）①弓腿挑拳；②收脚翻掌；③独立撑掌。

（2）①落脚上步收手；②、③同（1）中②、③。

十九、右单鞭

①退步伸掌；②坐腿后捋；③旋臂搭手；④弓步平云；⑤坐腿转腰平云；⑥勾手收脚；⑦转身上步；⑧弓步推掌。

二十、右云手（三）

（1）①坐腿转腰左云松勾；②右云翻掌收脚。

（2）①转腰左云翻掌出脚开步；②右云翻掌收脚并步。

（3）①左云翻掌出脚；②右云翻掌收脚。

二一、右左分鬃

①抱手提脚；②转腰出步；③弓步采靠；④转腰撇脚；⑤抱手收脚；⑥转腰上步；⑦弓步采靠。

二二、高探马

①收脚展臂;②坐腿屈臂;③虚步探掌。

二三、右蹬脚

①带手起脚;②上步穿掌;③弓步分手;④抱手收脚;⑤蹬脚撑臂。

二四、双峰贯耳

①并手收脚;②落脚收拳;③弓步贯拳。

二五、左蹬脚

①转腰分手;②抱手起脚;③蹬脚撑臂。

二六、掩手撩拳

①并手落脚;②出脚握拳掩手;③弓步撩拳。

二七、海底针

①跟步摆臂;②坐腿提手;③虚步下插掌。

二八、闪通背

①提手收脚;②向前上步;③弓步推撑掌。

二九、右左分脚

①转身扣脚分手;②收脚抱手;③分脚撑臂;④落脚穿手;⑤弓腿分手;⑥收脚抱手;⑦分脚撑臂。

三十、搂膝拗步(二)

①落脚转身摆臂;②屈臂上步;③弓步搂手推掌;④转腰撇脚;⑤摆臂收脚;⑥屈臂上步;⑦弓步搂手推掌。

三一、上步擒打

①转腰撇脚抹掌;②收拳收脚;③上步擒打握拳;④弓步打拳。

三二、如封似闭

①跟步穿掌;②坐腿引手;③上步翻掌;④弓步前按。

三三、左云手(三)

(1)①转腰扣脚右云;②左云翻掌收脚。

(2)①右云翻掌出脚;②左云翻掌收脚。

(3)①右云翻掌出脚;②左云扣脚并步。

三四、右撇身捶

①撤步探掌;②收脚握拳;③上步举拳;④弓步撇打。

三五、左右穿梭

(1)①扣脚翻掌;②弓腿平抹掌;③收脚后捋;④上步搭手;⑤跟步平云;⑥坐腿平云;⑦上步收掌;⑧弓步架推。

(2)①扣脚穿掌;②、③、④、⑤、⑥、⑦、⑧同(1)中②、③、④、⑤、⑥、⑦、⑧。

三六、退步穿掌

①坐腿向前摆掌;②收脚翻掌;③退步向前穿掌左脚扭直。

三七、虚步压掌

①转身扣脚上摆手;②虚步下压掌。

三八、独立托掌

①右手前托;②左手侧撑;③左腿独立 。

三九、马步靠

①落脚抬手;②收脚摆臂;③上步握拳;④绊马步靠。

四十、转身大捋

①撇脚摆掌;②并步举手;③碾脚转身;④侧步大捋;⑤侧弓步拱肘撅臂。

四一、撩掌下势

①回身旋臂;②转身摆掌;③丁步撩掌;④坐腿摆掌勾手提脚;⑤屈臂开步;⑥仆步穿掌。

四二、上步七星

①弓步挑掌;②虚步十字架拳。

四三、独立跨虎

①退步摆掌坐腿;②转腰摆掌收脚;③举腿挑掌。

四四、转身摆莲

①转身扣步带手;②转身穿摆掌;③摆莲拍脚。

四五、弯弓射虎

①落脚上步摆臂；②弓腿转腰摆拳；③弓步反冲拳。

四六、右搬拦捶

①坐腿穿掌；②收脚握拳；③摆脚搬拳；④收脚收拳；⑤上步拦掌；⑥弓步打拳。

四七、右捧捋挤按

①撇脚转腰分手；②收脚抱球；③向前上步；④弓步分手；⑤转腰送手；⑥坐腿转腰后捋；⑦转身搭手；⑧弓步前挤；⑨分手坐腿后引；⑩弓步前按。

四八、十字手

①转身分手撇脚；②回身合手；③并步开立十字抱掌。

收势

①分手平举；②两手垂落；③并步还原。

第十五节 毽 球

踢毽子起源于汉代，盛行于南北朝和隋唐。据《唐代高僧传》《佛陀禅师传》中记载，有一位叫跋陀的人到洛阳去，路上遇到了 12 岁的惠光，在天街井栏上反踢毽子，连续踢了五百多次，观众赞叹不已。到了宋代这项运动又有了极大的发展，宋代高承著的《事物纪元》中记载："今时小儿以铅锡为钱，装以鸡羽，呼为毽子，三五成群走踢，有里外镰，拖枪，耸膝，突肚，佛顶珠，剪刀，拐子各色。"

清末踢毽子已达到鼎盛时期，参加的人越来越多。踢毽子不仅用来锻炼身体，而且人们将它和书画、下棋、放风筝、养花鸟、唱二黄等并提，一些人以会踢毽子而自荣。因此，踢毽子的活动更加广泛，特别是青少年参加者更为普遍，当时就有这样的童谣："一个毽儿，踢两半儿，打花鼓儿，绕花线儿，里踢外拐，八仙过海，九十九，一百。"说明踢毽子已经到了相当普及的程度。

新中国成立后，毽球运动得到了更广泛的开展，踢毽子的技术在普及的基础上得到了提高，各种技法丰富多彩，高难翻新的动作层出不穷，观者无不赞美。1984 年原国家体委将毽球运动列入全国正式比赛项目,使古老的毽球跨入了一个新的发展阶段。1985 年 4 月国家体委在苏州市举办了全国第一届毽球锦标赛,全国各地掀起了开展毽球运动的热潮。1988 年 2 月正式成立了中国毽球协会,1991 年国家体委审定并颁布了第一本《规则》,此后又制定了《毽球竞赛裁判法》。毽球这一项体育项目,不仅在国内得到迅速发展,而且很快传播到了亚洲、欧洲、美洲等十几个国家和地区。1999 年国际毽球联合会成立。2000 年第一届世界毽球锦标赛在匈牙利举行,此后国际毽联每年举办一次。可见,毽球运动正一步步走向世界。

一、毽球运动的分类和特点

现代毽类运动包括毽球和花样踢毽两个项目。毽球是一项新兴的体育项目,20 世纪 80 年代中后期才亮相国内赛场。它的比赛场地类似排球场,中间挂网(男子比赛网高 1.60 米,女子比赛网高 1.50 米),两项团体赛每队各 3 人,每局 15 分,决胜局为每球得分制。比赛时运动员用脚踢球,不得用手臂触球,在本方场区内最多只能击 4 次球。花样踢毽分规定动作赛和自选动作赛两项。规定动作有盘踢、磕踢、落、上头、交踢等,自选动作则由运动员即兴发挥,花样更繁,难度更高。踢毽子是一项全身性运动,它简单易行,不需要任何专门的场地和设备,运动量可大可小,男女老幼都可练习。经常参加踢毽活动和比赛,不仅对增强下肢肌肉力量,提高柔韧性具有良好的效果,而且对增进和提高灵巧、反应、协调、平衡等能力都有积极的作用,尤其是青少年经常参加这项活动,有利于身心的全面发展。

二、毽球的基本技术

(一)准备姿势和移动

1. 准备姿势

准备姿势,是运动员在场上未接球时身体的一种等待状态。保持良好的姿势,是使身体随时在瞬间由静变动,由被动状态变为主动状态的关键。准备姿势一般分两种。

(1)左右开位站势。两脚左右开立,两膝微屈,上体前倾,重心在两前脚掌,两肩的垂直面超过膝部,两臂自然弯曲在体侧,眼睛注视来球方向。这种站势使运动员能从静止状态快速变化到向左右移动的状态,尤其用在比赛的防守过程当中。

(2)前后开位站势。两脚前后站立,动作同左右站势。注意脚跟离地,身体重心要前移,随时保持静中带动的状态。这种站势使运动员能从静止状态快速变化到向前后移动的状态,较多应用在比赛过程中的接发球和防守当中。

2. 移动

步法是移动的灵魂。没有纯熟的步法移动技巧,在比赛中就不能变被动为主动。步法移动有前上步、后撤步、滑步、交叉步、并步、跨步、转动步、跑动步。

(二)毽球运动的基本脚法

1. 脚内侧踢球

膝关节向外张,大腿向外转动,稍有上摆,不要过大,髋和膝关节放松,小腿向上摆,踢毽时踝关节发力,脚放平,用内足弓部位踢球。这种脚法主要多用在传接球方面,因此要想成为一名出色的球员,无论是一传手、二传手或是攻球手,都必须熟练、稳定地掌握好脚内侧踢球。

2. 脚外侧踢球

稍侧身,向体侧甩踢小腿,勾脚尖,用脚外侧踢球。注意要想获得较低的托球点,必须使支撑脚做适当的弯曲,还要注意身体重心应放在支撑脚上。

3. 脚背踢球

脚背踢球,一般用正脚背,要注意绷脚尖和抖动脚腕发力击球。此踢球技术是相对于其他基本技术难度较大的一种,要求动作快,同时还要有一定的准度,一旦抖动脚腕发力击球的节奏过快或过慢都会影响完成踢球的质量。

4. 触球

用身体膝关节以上的部位踢球都叫触球。触球又可以分为大腿触踢球、腹部触踢球、胸部触踢球、头部触踢球。大腿触踢球时,要注意抬大腿迎球,放松小腿,用大腿正面前段击球。腹部触踢球、胸部触踢球、头部触踢球都要注意触球时将腹部、胸部或头部稍微向前去主动迎接球,并控制球落在自己的前方,然后用脚将球踢出。

(三)花毽的基本踢法

1. 盘踢

盘踢是用足内侧互换踢毽,膝关节向外张,大腿向外转动,稍有上摆,不要过大,髋和膝关节放松，小腿向上摆，踢毽时踝关节发力。踢起的毽子一般不超过下额。

练习方法：一般人的左足没有右足灵活，没有踢过毽子的人，右足也能踢一两次，所以，练习时以左足开始为宜，即先用左足踢起一次，要求垂直，用手接住，右足再踢一次用手接住，较熟练后可连续踢。左右足都可连续踢后，改为左右两足各踢一次接住、各踢两次接住，各踢次接住灵活熟练后就不用再接，踢的次数越多越好。

2. 磕踢

磕踢是用两腿膝盖互换将毽子磕起（撞起）的踢法。髋关节、膝关节放松，小腿自然下垂，膝关节发力，将毽子磕起，大腿不要外张或里扣，踢起的毽子一般不超过下额。

练习方法：练习时，用手抛起毽子，不超过下额，用膝盖磕起（撞起），然后用手接住，同盘踢的练习方法一样，形成一磕一接，熟练后不用手抛毽，改用盘踢，形成一磕一盘，协调后两膝互换，踢的次数越多越好。

3. 拐踢

拐踢是用两足外侧互换踢毽，大腿放松，小腿发力向体后斜上方摆动，勾足尖，踢毽时大腿不得摆到体前，小腿向体后斜上方摆动不要过高，毽子和足外侧相碰的一刹那，踢毽脚的内侧离地面一般不超过 3 厘米，踢起的毽子高度随意。

练习方法：练习时，可像盘踢一样，采用一踢一接的练习方法。为了避免动作错误，练习时，踢毽脚一侧可朝向墙或树木等，身体与墙距离约与体宽相同，如果踢毽脚碰到了墙或树木，便是错误动作。

4. 绷踢

绷踢有的地力叫做“绷尖”，是用两足尖外三趾部分互换踢毽，单足踢毽也可以。绷踢能踢起即将落地的毽子，毽子被踝关节的发力一绷而起，所以叫绷踢。其动作是，大腿向前抬起，和身体形成 150 ~ 160 度夹角，小腿向前摆动，髋关节、膝关节放松，踝关节发力，在踢毽子的一刹那，足尖脚趾向上猛地用力，将毽勾起。踢起的毽子高低都可，但应避免忽高忽低，为以后的花样踢法打下基础。

练习方法：练习时，可采用盘踢的一踢一接的练习方法，但在开始练习时要踢得低一些，一般不超过腰部，再低一些更好，这样踢的次数能多一些。为了避免动作出错误，练习时可面向墙壁或树木，距离约与体同宽，如练习时踢毽脚碰到了墙或树木，便是错误动作，原因是膝关节没有放松，大腿抬得过高。

第十六节 定向运动

定向运动就是利用地图和指南针到访地图上所指示的各个点标，以最短时间到达所有点标者为胜。定向运动通常在森林、郊外或城市公园里进行，也可在大学校园里进行。定向运动起源于瑞典，最初只是一项军事体育活动。“定向”这个词在 1886 年首次使用，意思是：在地图和指南针的帮助下，越过不被人所知的地带。真正的定向比赛于 1895 年在瑞典斯德哥尔摩和挪威奥斯陆的军营区举行，标志着定向运动作为一种体育比赛项目的诞生，距今已有百年历史。

19 世纪末 20 世纪初，欧洲北部斯堪的纳维亚半岛广阔而崎岖不平的土地上覆盖着一望无际的森林，散布着无数的湖泊，城镇、村庄稀疏散落，人们的交通主要是依靠那些隐现在林中湖畔的弯弯曲曲的小路。在这样的地理环境中生活，理所当然地要比别的地力更需要地图和指北针，否则，要想穿越那莽莽林海是十分困难的。正因为如此，那些最经常在斯堪的纳维亚半岛山林中行动的军队，便成了开展定向运动的先驱。他们深知，如果不具备在山林地辨别方向、选择道路和越野行进的能力，就不能完成保卫国家的重任。

1918 年，瑞典一位名叫古兰特的童子军领袖组织了一次叫做“寻宝游戏”的活动，引起参加者的极大兴趣，这便是定向运动的雏形。定向运动本身作为一种体育项目开展是从 20 世纪初在北欧开始的。到 20 世纪 30 年代已在芬兰、挪威、瑞典、丹麦立足。1932 年举行了第一次世界定向运动比赛。1961 年国际定向联合会在丹麦哥本哈根成立，现有成员国 63 个。国际定向联合会是世界定向运动的行政实体，是国际体育联合会总会之一。定向运动也是国际承认的奥林匹克体育项目。其中的定向越野也是国际军体理事会的正式比赛项目之一，每次举办的比赛都能吸引十多个国家的军队运动队参加。根据1972—1983年的资料统计,按每年参加国的数量,定向越野已成为与篮球并列的国际军体锦标赛的七大比赛项目之一。

定向运动是一项非常健康的智慧型体育项目,是智力与体力并重的运动。它不仅能强健体魄,而且还能培养人独立思考、独立解决所遇到困难的能力及在体力和智力受到压力下做出迅速反应、果断决定的能力,同时还能放松身心、自我娱乐、融洽关系、增加乐趣。

总之,定向运动作为一项能够使人们的体力、智力得到全面锻炼的新兴体育项目,在全世界得到了应有的重视。

一、定向运动的分类

(1)定向运动按运动工具的不同可分为两种:①徒步定向,如传统定向越野、接力定向、积分定向、夜间定向、五日定向、公园定向等;②工具定向,如滑雪定向、山地车定向等。

(2)定向运动按性别的不同可分为男子组和女子组。

(3)定向运动按年龄的不同可分为青年组、老年组和少年组。

(4)定向运动按技术水平的不同可分为初级组(体验组和家庭组)、高级组和精英组。

(5)定向运动按参加人数的不同可分为个人单项、个人双项和集体项。

因此,不论男女,只要你喜爱郊外活动,定向运动一定适合你!其技巧容易掌握,是3岁至80岁都可以参加的运动。

二、常见的定向运动形式

自从1919年第一次正式的定向运动比赛在斯堪的纳维亚举行之后,这个项目就在北欧得到了迅速的发展,并很快地普及到世界各地。定向运动也由初期单一的一种比赛形式逐步演变为包括各种各样的比赛或娱乐项目在内的综合性群众体育活动。此外,国际上还流行着一些其他的定向运动形式,有国际定向联合会的正式比赛项目——山地车定向、轮椅定向等,还有校园定向、特里拇定向(在一定的区域内设置许多永久性的检查点,不规定完成时间,以寻到点数的多少给予纪念品以资鼓励)。

三、定向越野所需技能

定向运动是一项处在发展和变化中的综合性体育运动，它所需的技能会因为需求变化而变化。在进行不同项目的定向运动时，使用的装备、器材以及比赛方法不同，因而需要的技能也不尽相同。这里仅介绍典型的定向运动项目——定向越野的技能。一名好的定向越野选手的技能可以概括为四个方面：①在野外能够迅速地辨别方向；②能熟练地使用地图和指北针；③善于进行长距离的越野跑；④既果断又细心，能够迅速选择最快的行进路线。但是，在任何情况下，运动员的辨别方向和使用地图的能力始终都是最基本的。

四、世界定向运动主要赛事

(1)O-Ringen：瑞典五日。这是世界最大规模的定向运动赛事，每年都能吸引世界各国的15 000名男女老少定向运动员。

(2)世界定向越野锦标赛，世界滑舌定向锦标赛。

(3)定向越野世界杯赛，滑舌定向世界杯赛。

(4)世界青年定向越野锦标赛，世界青年滑舌定向锦标赛。

(5)世界老年定向越野锦标赛，世界老年滑舌定向锦标赛。

第十七节 飞 镖

飞镖运动的起源可以追溯到15世纪的英国，那时的圆桌武士（保护英王的近身侍卫）及军中的士兵在休闲时向树墩投掷标枪，既是练兵也是游戏，后来由此而演变成室内运动，流行于英国及法国皇室。这项运动当时得到英国皇帝亨利八世及法国皇帝查理六世的青睐，被誉为“贵族运动”。

飞镖运动传入我国只有十余年的时间，由于其技术简单易于掌握，不需要专门的场地和设施，且运动量适宜，不受年龄、性别的限制，经济实惠，正逐渐被中国的大众所接受。飞镖运动不仅可以舒展筋骨，消除疲劳，增强人们的身体协调能力，还能磨炼人的意志和提高心理素质。在中国，绝大多数的人对飞镖的认识还停留在硬式飞镖阶段，少数认识较深的人也是通过观看电视转播飞镖比赛来认识软式飞镖运动的。但是，近年来飞镖运动已显露出迅猛发展的势头，各种形式、规模不一的飞镖比赛频繁举行，投身飞镖运动的人数显著增加，竞技水平也有了本质的提高。经常进行飞镖运动，可以锻炼人的平衡能力。医学研究表明，平衡能力是人们长寿的重要原因。同时，飞镖运动还可以锻炼人的眼力、注意力，开发人的大脑，调节神经系统；可以舒筋活络、振奋精神、消除疲劳、强身健体；特别是对人体的一些慢性疾病有调理治疗作用。因此，飞镖运动具有独特的健身功能和调整心理状态、促进了解、增进友谊的作用。

一、飞镖运动的分类

飞镖分硬式、软式两种。

1. 硬式飞镖

硬式飞镖的镖针是钢制的，非常锐利。镖盘一般常见的有麻靶、纸靶两种质地。

2. 软式飞镖

软式飞镖的镖针是尼龙做的，比较软。镖盘是塑料制成的蜂巢状镖靶，蜂巢孔后面安装上传感器连接自动记分系统，就是我们现在常说的电子靶。

另外，从镖上分一般常见有钨合金镖、铜镖两种。钨合金镖比重大、体积小，选手一般都选用这种镖。铜镖色泽美观、价格便宜，适用于一般的娱乐。

二、飞镖的握法及基本投掷方法

为保证镖在空中飞行稳定，握镖应握在镖的重心处。一脚在前，自然旋转一个角度，投镖时精神要专注于目标，小臂前挥带动手腕运动将镖投出。镖出手后，手臂、腕自然展开，各关节放松，投镖过程追求自然舒展。镖在空中飞行一个小抛物线，着靶时镖垂直于靶面或镖尾翼稍向上翘为宜。投镖时，双脚不得越过投掷线，而身体或手从线的上方越过则没有关系。

三、注意事项

（一）飞镖盘的选购

购买时要注意飞镖盘的尺寸，详细的标准尺寸可参看规则，主要应注意：

(1)双倍环外直径为 342 毫米;

(2)飞镖盘的总直径为 457 毫米;

(3)有些便宜的玩具飞镖盘比标准尺寸小得多,不适用于正式比赛或练习。

(二)飞镖的选购

对于初学者来说普通的黄铜飞镖就够了。但一定要注意买到的飞镖要有完整的镖针、镖筒、镖杆和镖翼,而且手感十足,重心稳定,飞行线路易掌握。常见的劣质飞镖镖筒很短,镖杆与镖翼合而为一,而且手感过轻,飞行线路很不稳定。专业选手一般都使用高级钨质镖。介于钨镖与黄铜镖之间的还有银质镖(实际上是镍质的)。钨镖和银镖的好处是因为密度大,所以在重量相同时,它们的镖筒较细。另外这两者硬度更大,不易损坏。

(三)飞镖盘的安置

放置镖盘时,其中心离地 1.73 米,投掷线离飞镖盘在地面上的投影线 2.37 米。另外飞镖的镖尖非常尖锐,一定要注意安全。如果有飞镖落在地上,请先拿走飞镖盘上的镖,再去拾地上的镖,以免拾镖时盘上的飞镖落下。有时飞镖正打在钢丝上,会弹回很远,在它落地前一定要小心躲开。不能把飞镖盘挂在门背后、通道或其他有人经过的地方。如果在房间里一定要挂在门背后,玩飞镖之前一定要反锁好门。

参 考 文 献

[1] 周西宽.体育基本理论教程[M].北京:人民体育出版社,2004.
[2] 杨文轩,陈琦.体育原理[M].北京:高等教育出版社,2004.
[3] 谭华.体育史[M].北京:高等教育出版社,2005.
[4] 室利·阿罗频多.综合瑜伽[M].上海:华东师范大学出版社,2005.
[5] 毛泽东.体育之研究[M].北京:人民体育出版社,1979.
[6] 田麦久,武福全.运动训练科学化探索[M].北京:人民体育出版社,1988.
[7] 杨文轩.当代大学体育[M].北京:人民体育出版社,2005.
[8] 《国家学生体质健康标准解读》编委会.国家学生体质健康标准解读[M].北京:人民教育出版社,2007.
[9] 姚鸿恩.体育保健学[M].北京:高等教育出版社,2006.
[10] 孙民治.现代篮球运动教学与训练[M].北京:人民体育出版社,2003.
[11] 张瑞林.足球运动[M].北京:高等教育出版社,2005.
[12] 陶志翔.网球[M].北京:人民体育出版社,2006.
[13] 《球类运动》编写组.乒乓球·手球·垒球·羽毛球[M].北京:高等教育出版社,2006.
[14] 常乃军.大学体育教程[M].北京:高等教育出版社,2002.
[15] 任波.大学体育教程[M].天津:天津大学出版社,2010.